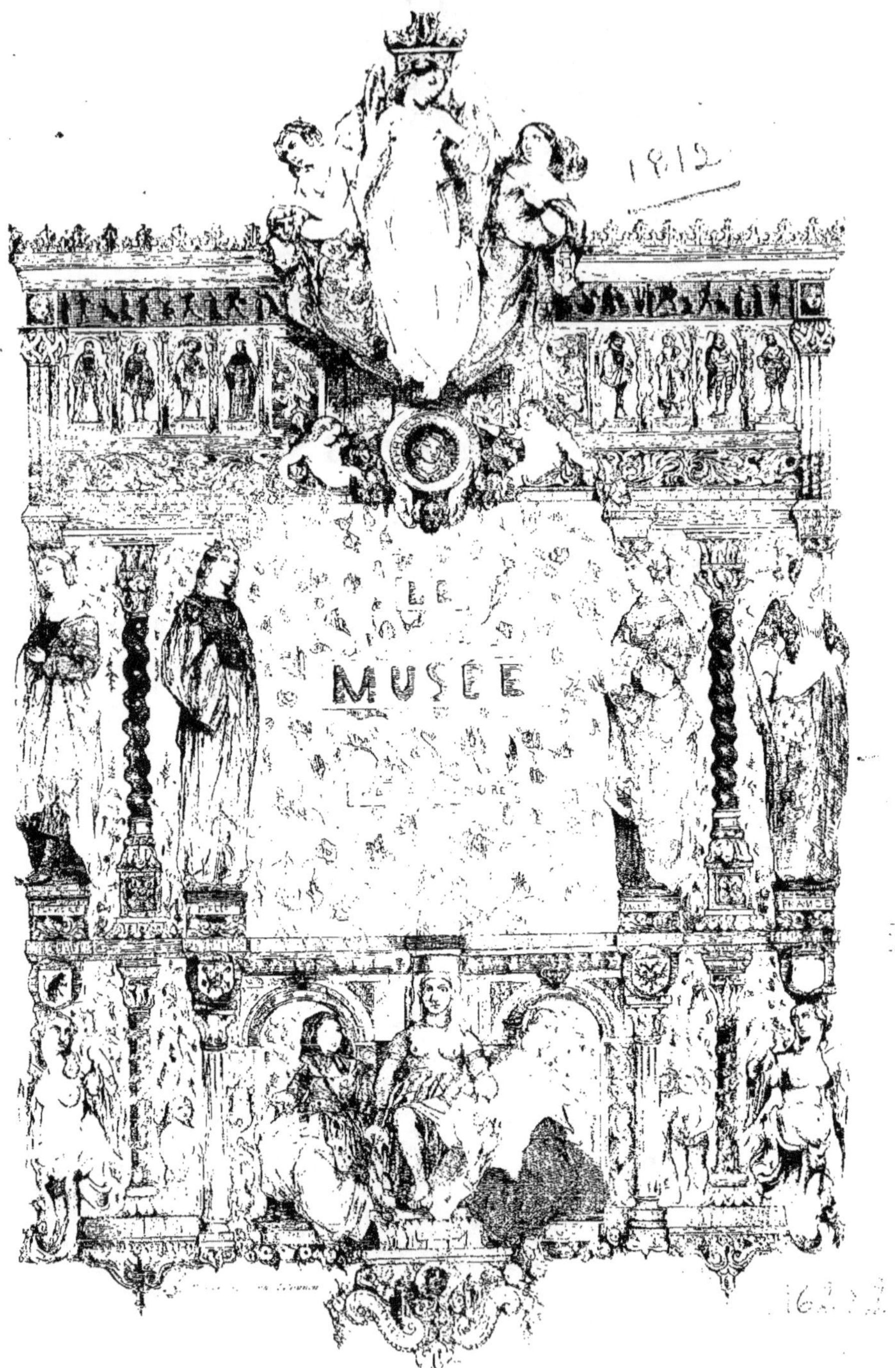
MUSÉE

LE MUSÉE,

REVUE DU SALON DE 1834,

PAR

Alexandre D.......

INTRODUCTION.

> Il n'y a que la médiocrité qui ne
> soit jamais satisfaite.
>
> GÉRICAULT.

L'étude de l'histoire démontre chaque jour quelle importance doivent avoir les arts au milieu des peuples. Le plus vieux de tous et le plus avancé dans les anciennes institutions sociales a disparu, ne laissant après lui ni parole écrite, ni tradition orale; les grandes phases qu'il a parcourues, son organisation et son caractère sont restés couverts d'un voile immense qu'on a vainement tenté de percer à l'aide des *on dit* d'un peuple enfant qui en avait entendu parler.

Eh bien! à peine a-t-on jeté les yeux sur les vastes et gigantesques débris de ses arts, qu'un faisceau de lumière est venu

1

éclairer cette scène si obscure et si éloignée de nous. Avec les colonnes encore debout, avec les ruines des propylées, à l'aide de leurs simples et curieux bas-reliefs colorés, on a retrouvé les secrets de sa vie sociale, industrielle et familière. L'étude de l'architecture, de la sculpture et de la peinture des Égyptiens complétera un jour le vocabulaire des hiéroglyphes, dont le sens est peut-être enseveli dans le tombeau de Champollion.

Quelle idée nous donneraient des républiques grecques les manuscrits qu'elles nous ont légués, séparés du Parthénon, des temples et des statues qu'ils renfermaient? Quel intérêt offrirait l'éloquence verbeuse du siècle de Périclès, isolée des œuvres de Phidias, de Praxitèle, de Cléomène et de tant d'autres?

Les Romains, s'ils n'avaient pas laissé sur le passage de leur puissance le développement des arts de la Grèce, ne seraient qu'une horde de brigands prédestinés, s'agrandissant par la violence, n'avançant que pour détruire, déployant la plus grande énergie humaine connue dans le but le plus hostile à l'humanité, comme ces autres brigands aussi heureux et plus barbares encore, envahisseurs de l'Orient, contre lesquels la civilisation de l'Occident s'est brisée, même de nos jours. Enfin les historiens du peuple romain nous auraient peut-être fait oublier les souillures et la bassesse de son origine, si la découverte des arts étrusques n'avait révélé l'existence en Italie, avant lui, d'un peuple instruit, adonné aux arts, et bien supérieur à ces Romains, qui le traitaient de barbare en l'écrasant sous ses villes en ruines.

Avec des résultats si imposans, avec une voix si puissante dans l'avenir, les arts sont l'ame des nations, l'essence la plus pure de l'organisation de l'homme, en un mot le génie de l'humanité.

Les grands hommes ne font que paraître, les générations s'ensevelissent, les nations s'éteignent, les principes se transforment, les religions tombent les unes après les autres ; mais après tous et au-dessus de tous s'élèvent encore les monumens que l'art a enfantés, comme la dernière inscription du tombeau des peuples, dont on ne distingue plus la poussière.

Le polythéisme a régné sur l'ancien monde, le christianisme a gouverné une partie du nouveau, tandis que l'autre partie était dévastée par le mahométisme ; que restera-t-il dans peu de temps de ces puissances morales si étendues, si colossales? Rien que les statues des faux dieux, les temples et les images du Christ, rien que les arts qui les soutenaient. Du mahométisme il ne restera rien, car il a nié les arts, et, seul de ces trois puissances intellectuelles, il est destiné à disparaître de la surface du globe avec le dernier croyant.

Il y a bien loin sans doute de la sphère brillante dans laquelle resplendissent les arts des grandes époques, à l'horizon borné, au pénible et traînant essor que prennent les arts de nos jours ; mais les causes en sont dans la nature même des hommes, et si l'avenir nous réserve en effet un siècle de régénération et de lumière, les œuvres alors s'élèveront à leur temps, pour ajouter un nouveau chapitre à l'histoire si lente et si difficile du génie humain.

La critique n'a pas à jeter un regard curieux sur ce qui n'est pas encore accompli ; on peut regretter que la carrière des arts soit renfermée dans des limites si étroites, que les idées soient si exclusives et si intolérantes, que la tradition exerce encore tant d'empire et que, déjà majeur, le génie de notre siècle se débatte encore dans les langes maternels ; mais, après avoir exprimé ces regrets, la critique doit laisser à la jeune et vigoureuse intelli-

gence des artistes le privilége de rompre ces derniers liens, d'élar-
gir la route, de répudier les phrases que nous ont sérinées nos
pédagogues ; pour parler enfin une langue plus virile et débar-
rasser la pensée des formules que l'on dictait à l'enfant.

La critique ne s'adresse qu'aux œuvres accomplies ; variable
comme le goût et les opinions individuelles, elle meurt avec les
hommes qui l'ont mise au jour ; sa voix faible et inconstante
s'éteint successivement devant toutes les œuvres du génie, et les
louanges ou le blâme de sa parole effleurent à peine la surface des
marbres comme le souffle du vent, et sans laisser plus d'empreinte
que lui.

L'artiste pense, travaille, produit ; le critique analyse la pensée, l'inspiration élaborée de l'artiste : dans cette analyse, outre
les erreurs qu'il peut commettre, puisque rien ne prouve que son
intelligence soit supérieure à celle de l'artiste, il arrive infailli-
blement au premier, là où il peut avoir raison de substituer sa
pensée, son sentiment à la pensée, au sentiment du second, c'est-
à-dire de mettre une autre figure, un autre tableau, un autre
ouvrage enfin, à la place de celui créé par l'artiste. Si tel est la
conséquence générale des critiques, on doit comprendre que l'artiste cédera bien rarement et bien difficilement à l'inspiration du
critique qu'il sait être la plupart du temps étranger aux secrets
et aux ressources de l'art. Il n'y cédera même jamais dès qu'il aura
porté dans l'exécution de son ouvrage une conviction vive et consciencieuse ; l'homme faible et sans foi renoncera peut-être à sa
pensée pour adopter celle d'un étranger, mais celui-là n'est pas
artiste. Il arrive en outre fréquemment que les défauts signalés
par le critique dans les œuvres d'art sont inhérens à certaines manières de voir et de sentir qui composent toute l'organisation de
l'artiste, de telle sorte que ce dernier ne pourrait guère se cor-

riger de ces défauts sans risquer de perdre en même temps le secret des qualités qui constituent son talent ; car il n'existe pas de
perfection absolue, et il suffit de considérer attentivement la galerie des maîtres dont le temps a consacré la célébrité désormais
invulnérable, pour s'apercevoir rapidement qu'il n'en est pas un
dont les ouvrages résisteraient à un examen rigoureux de toutes
les conditions de perfection qu'emporte l'idée d'un chef-d'œuvre
de l'art. La critique le plus souvent ne prouve donc rien pour
l'artiste, et il serait peut-être difficile de citer quelque conver-
sion opérée par elle ; car celles dont elle se fait gloire sont plus
libres et plus indépendantes de son influence qu'elle ne voudrait
sans doute le penser. Les reproches, les conseils, les louanges ne
sont probablement que quelques aiguillons ou quelques fumées
pour l'amour-propre des artistes, mais disparaissent devant leur
conviction ou leur volonté.

Toutefois la critique a un autre résultat auprès du public ;
non que le public adopte volontiers ses idées ; car, si faux et si
incomplet que soit le sentiment qu'il porte devant les œuvres
d'art, il y tient obstinément et avec tout l'entêtement de l'ignorance. Il s'enveloppe dans sa fantaisie, lui sacrifie sans peine ses
loisirs, son argent, une place dans ses foyers, et ferme avec humeur ses oreilles aux jugemens de la science et de l'expérience.
Mais il arrive un jour qu'à force d'entendre répéter par quelques
hommes instruits les louanges d'ouvrages qu'il a repoussés
parce qu'il ne les comprenait pas, il se croit obligé, pour échapper
à l'accusation de mauvais goût, de s'arrêter à ce qu'il dédaignait
dans le principe, et finit par se convaincre du mérite d'un ouvrage qu'il n'a regardé que pour paraître l'apprécier ; car c'est
ainsi que se forme le jugement, et ce n'est qu'à force d'étudier
les œuvres des maîtres qu'on parvient à les comprendre. Qui ose
nier aujourd'hui le génie qui a produit *la Méduse,* et qui osait

en dire du bien il y a dix ans? ce sont cependant les mêmes
hommes, le même public. La critique avec ses préceptes et ses
avis, ne fera jamais faire à un artiste un tableau comme *la
Méduse*, mais elle pourra peut-être amener le public à concevoir
ce qu'il y a de génie dans une pareille création.

Si la critique prouve quelque chose, si elle exerce une influence quelconque, ce n'est donc qu'auprès du public.

C'est aussi au public que nous adresserons les observations qui
doivent suivre. Nous ne sommes les apôtres d'aucune doctrine,
les disciples d'aucune école; nous protestons d'avance contre
celles qui gouvernent ou menacent de gouverner les arts, parce
que les doctrines et les écoles, dans les arts, sont toujours exclusives; parce que les arts n'admettent pas d'exclusion, et qu'ils
comprennent tout ce que la pensée peut embrasser : le présent,
le passé, la patrie, le globe entier, l'histoire, la poésie, les êtres
et les choses, le sol et la production.

L'art n'est pas dans tel ou tel principe, dans tel ou tel temps,
dans tel ou tel pays; il est dans le génie de l'homme qui en fera
l'application partout où il portera sa pensée.

Enfin, les arts sont l'expression poétique et monumentale du
génie des peuples; comme lui ils changent avec les révolutions
morales que le temps amène au sein des nations. Plus la carrière
des arts à de champ et de liberté, plus l'expression à de vérité et
de grandeur; elle est alors l'histoire du peuple, histoire plus im-
partiale, plus complète, et plus philosophique que tous les mé-
moires contemporains.

C'est à fournir un guide au public pour l'intelligence de ces
documens historiques que nous travaillerons ; c'est à relever les

défauts de jugement qui fourmillent dans la société que nous
nous appliquerons ; et dans cet enseignement consciencieux et
impartial se trouvera naturellement la critique des erreurs de
certains artistes, qui ne les professent bien souvent que parce
qu'ils les trouvent répandues et dominantes dans la foule, et
qu'ils jugent plus facile d'élever leur réputation en flattant son
ignorance qu'en lui présentant de grandes et profondes vérités
toujours plus difficiles à produire pour l'artiste et rarement ou
lentement comprises par le public.

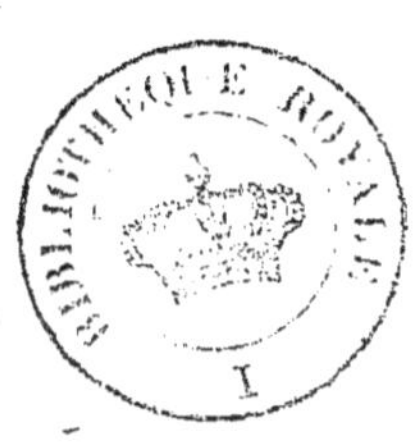

[illegible] communi [illegible] leur [illegible] appe[illegible]

[illegible] les quelques [illegible] lesquels [illegible] mesure [illegible] [illegible] dans la [illegible] [illegible] la quelque [illegible] [illegible] [illegible] que [illegible]

La Direction,

LE JURY ET L'ACADÉMIE.

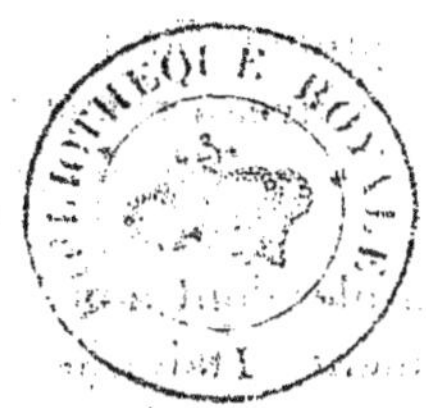

Nous vivons dans un temps où le bien est rare et où le mal abonde; aussi doute-t-on long temps du premier lorsqu'il se présente, et soupçonne-t-on toujours le second dans tout ce qu'on aperçoit. Si une bonne idée se fait jour, on la repousse; si une bonne intention se manifeste, on n'y croit pas; à peine une bonne mesure est-elle adoptée, qu'on fait déjà courir le bruit de sa révocation.

Depuis long-temps les artistes demandaient l'exposition annuelle des ouvrages de peinture et de sculpture, lorsque le gouvernement annonça, il y a trois ans, que les salles du Louvre leur seraient enfin ouvertes chaque année. Mais, dès l'année suivante, cette promesse fut éludée; du moins l'administration pouvait alors alléguer pour motif la présence du choléra, qui ne laissait guère aux artistes l'activité nécessaire à leurs travaux, et au public la liberté d'esprit indispensable pour s'en occuper.

Mais pourquoi aujourd'hui une inquiétude nouvelle s'est-elle déjà glissée au milieu de nous? pourquoi cette opinion s'accrédite-t-elle chaque jour, que le salon va être de nouveau remis tous les deux ans?

Nous ne garantissons pas l'exacte vérité des paroles dont nous ne sommes que les échos. Nous constatons seulement ce fait que ces paroles se répandent dans le monde et qu'elles sont motivées de manière à leur prêter un grand crédit. Quand nous n'attendrions, en les répétant, d'autre résultat que de les faire démentir officiellement, nous aurions eu raison d'écrire, car nous aurions rappelé la sécurité et la confiance dans l'ame des jeunes gens que tous ces bruits peuvent inquiéter sur leur avenir.

En 1831 le roi promit en séance solennelle que le salon aurait lieu tous les ans, et voici qu'on parle aujourd'hui d'une pétition signée, ou que l'on fait signer à des artistes dont les noms ont beaucoup trop d'influence en haut lieu, pour demander au pouvoir que l'exposition annuelle soit renvoyée tous les deux ans. Cette pétition paraît même sur le point d'être présentée, si déjà elle ne l'a été par une réunion d'initiés, qui voudraient, par la discrétion de leur démarche, éviter le scandale de leur palinodie ou l'explosion d'une opposition trop générale.

Mais ce n'est pas tout.

L'opinion publique n'attribue pas tout-à-fait aux artistes dont nous venons de parler l'idée première de cette mesure; et quelqu'intérêt que puissent porter à son adoption des hommes dont la réputation maintenant établie n'a plus besoin de la publicité du salon pour se soutenir, l'on dit qu'il y a des gens plus intéressés encore que ces artistes dans la décision de cette question.

L'on dit que le Salon annuel appelle chaque année les regards

du public au sein d'une administration accoutumée à fonctionner dans un huis-clos où elle se trouvait plus à l'aise; que chaque
année ce sont des investigations nouvelles, dans lesquelles on
signale toujours quelques passe-droits, quelques injustices ou
quelques fautes. L'on dit que le Salon annuel est une occasion de
dépenses pour le gouvernement, qui ne peut se dispenser de dis-
tribuer des médailles, d'acheter des tableaux et de commander
des travaux, car la direction n'existe que pour cela, et si elle ne
s'occupait pas des artistes il faudrait la mettre à la réforme. On
en conclut que l'administration, couvrant ses propres intérêts du
voile d'un vœu émis par les artistes, aurait inspiré à plusieurs
d'entre eux l'idée de demander eux-mêmes le rétablissement du
Salon biennal, pour ne pas paraître révoquer de son propre
mouvement une mesure qu'elle n'avait adoptée que d'après le
vœu général.

Des considérations particulières sont venues corroborer cette
opinion. Un propos imprudent échappé à un haut fonctionnaire
a circulé rapidement dans le public, qui l'a accueilli avec sur-
prise, car il ne l'a pas compris, et plus rapidement encore parmi
les artistes, qui en ont été effrayés. C'est au moment où le bruit
courait de la révocation de la promesse d'une exposition annuelle, qu'un ministre est venu dire que *nous avions trop d'artistes;* et c'est dans le même moment qu'un journal sérieux,
dont le crédit est aussi grand par la haute direction qu'il reçoit,
que par la grande publicité qu'il a acquise, le *Journal des Dé-
bats* a voulu démontrer dans une série d'articles que *les artistes
n'étaient que des ouvriers de luxe.*

Certes, de la part d'une administration qui se réserve la direction morale et matérielle des arts et des artistes, qui s'est in-
stituée pour protéger et encourager les arts qu'elle impose,

de telles opinions devaient répandre l'inquiétude : c'est ce qui
est arrivé.

Encore une fois, nous désirons que ces bruits soient dénués
de fondement ; mais dans ce cas il faut que l'administration leur
donne un démenti formel, en garantissant de nouveau la sincé-
rité de ses promesses. Il faut qu'elle renonce à cette ambiguïté
de démarches qui la pousse dans de fausses mesures, et dans des
retours sur ses décisions. Il faut aussi que la direction des beaux-
arts adopte un système plus large, plus noble et plus généreux,
qu'elle s'affranchisse davantage de l'influence de certaines personnes, dont elle subit tour à tour l'impulsion ; qu'elle demeure
en un mot direction des beaux-arts, et non pas agence ministé-
rielle de quelques notabilités.

Bien loin de là, la direction affiche ses principes, quand elle
ne devrait en embrasser exclusivement aucun ; elle proclame ses
opinions, ses préférences, impose ses exclusions et ses arrêts.
L'administration n'a point de jugement à porter, elle n'est qu'une
machine d'organisation payée pour fonctionner dans l'intérêt des
arts en général. Le public seul est juge ; s'il se trompe, nul n'a le
droit de casser ses arrêts ; à l'artiste seul appartient le privilége
d'en appeler une seconde, une troisième fois au public même, en
lui soumettant, en lui traduisant dans les expositions suivantes
le sens de sa pensée.

L'on a souvent et longuement parlé du jury d'admission, on a
vivement attaqué sa composition ; il est aujourd'hui un fait
évident, un fait incontestable, que les actes du jury ont rendu
sans réplique, c'est que cette composition est intolérable ; c'est
qu'il y a scandale à voir un jury admettre une foule d'ouvrages
tels qu'il s'en trouve cette année au Salon, et refuser dans le
même temps, peut-être dans la même séance, des tableaux de

Delacroix; c'est qu'il y a injustice criante, à recevoir les œuvres d'hommes en qui l'âge n'a développé qu'une nullité complète, et à décourager par un refus des jeunes gens comme MM. Rousseau, Préault, etc., qui, tout imparfaits qu'ils sont, annoncent des qualités que le travail et l'avenir peuvent réaliser. Il y a des noms qui sont au-dessus des arrêts du jury, il y en a d'autres qui peuvent en être dangereusement blessés; le jury peut condamner les uns et les autres pour quelques jours, parce que le public n'assiste pas à ses jugemens; mais au jour de la publicité la presse doit lever le rideau qui entoure ces inquisiteurs fanatiques, et porter son flambeau au milieu de leurs misérables conciliabules.

S'il faut absolument un jury d'admission pour bannir du Salon les œuvres que l'art répudie réellement, il n'est pas moins nécessaire d'en modifier la composition. En vérité, nous aurons peine à nous convaincre que le jury ait repoussé cette année des ouvrages plus mauvais que ceux qui ont frappé nos regards, et dont nous laissons au public le soin de fixer le nom et la quantité. Nous n'accusons pas le caractère des hommes qui composent aujourd'hui ce jury ; nous savons d'ailleurs que plusieurs d'entre eux se font scrupule de sanctionner par leur présence les malencontreuses décisions de leurs collègues ; mais les préoccupations personnelles de ces derniers, leurs principes exclusifs et intolérans se font sentir partout, et si quelque chose les accuse de partialité, ce sont leurs propres actes.

Les arts ne sont pas plus stationnaires que les sciences et les idées; comme elles ils sont susceptibles de progrès; une pensée neuve aujourd'hui se trouve développée le lendemain; plus tard elle est modifiée par une pensée nouvelle, qui n'est que la conséquence de la première : c'est un enchaînement mathématique.

Instituer un corps destiné à conserver la suprématie de la pensée du moment, c'est opposer un obstacle au progrès, c'est vouloir fermer les portes de l'avenir, et la plupart des hommes appelés aujourd'hui à remplir cet emploi oublient trop qu'ils ne sont eux-mêmes arrivés qu'en brisant cette barrière qu'on leur opposait aussi dans leur jeunesse. Ils ont développé l'art suivant leurs études et leurs convictions ; mais arrivés là ils ne veulent pas admettre que l'art puisse aller plus loin que le point où ils l'ont laissé. C'est une grave erreur, car tout le monde sait que l'intelligence fortifiée de toutes les idées, de toutes les découvertes, de tous les progrès accomplis, marche à des découvertes nouvelles, à des progrès nouveaux. Poser des barrières, c'est nuire au développement des idées ; ce n'est pas arrêter, mais c'est ralentir les progrès de l'intelligence.

En France, les arts se meuvent dans une atmosphère étrangère à nous ; ils sont en dehors de nos habitudes, comme une espèce de religion, de doctrine qui se révèle hors de notre portée, pour exciter seulement notre curiosité ou notre admiration ; mais quand ils se rapprochent de nous, quand ils entrent dans nos foyers, quand ils nous touchent, ils sont tellement défigurés, tellement déchus, que nous refusons aux ouvrages qu'ils nous livrent le titre d'œuvres d'art. C'est un malheur, parce qu'il en résulte que nous n'avons autour de nous, dans notre vie privée, que de mauvaises productions qui corrompent notre goût ; parce que nous sommes obligés d'aller chercher l'art sur nos places publiques, dans nos temples et dans nos palais ; parce que, sans expérience, sans habitude de voir et de goûter les ouvrages, nous les jugeons mal ; parce qu'enfin les arts n'occupent pas dans notre société la place qu'ils devraient remplir.

Nous croyons pourtant qu'aujourd'hui ils tendent à se rapprocher de nous, à nous parler un langage plus intelligible et plus expressif. On s'en occupe, on les aime généralement, et, avec des dispositions telles qu'en manifeste le public, il n'est pas douteux qu'une nouvelle et brillante carrière ne s'ouvre devant les artistes ; mais il ne faudrait pas qu'elle fût hérissée d'obstacles par ceux qui voient à regret délaisser leurs idées et leurs œuvres pour des idées plus jeunes et plus nouvelles. Ils ont été les hommes de leur temps, il faut qu'ils laissent à la jeunesse la libre faculté de continuer leur ouvrage. A ces hommes qui ont concouru de toute la force de leur intelligence aux progrès des arts dans la société, nous rendons pleine justice ; mais il ne faut pas qu'ils prétendent nous imposer leurs idées plus long-temps qu'il n'a été nécessaire pour les comprendre. Le caractère sévère, les formes grandioses et élevées des anciens ont produit tout l'effet qu'on pouvait en attendre ; il faut maintenant appliquer ces études de jeunesse à des vérités plus actuelles, à des pensées et à des faits plus positifs. Nous avons assez étudié le grec et le latin pour laisser reposer les dictionnaires.

Ces vérités paraîtront banales ; il est cependant nécessaire de les répéter encore ; car après de longues et vives réclamations contre le despotisme des académies, après des réclamations de plusieurs années, nous trouvons encore les académies toutes-puissantes, traçant d'une main débile sur nos monumens les tristes emblèmes de la caducité, couvrant les lambris du Louvre des anacréontiques rêveries de vieillards en enfance, et levant d'un bras tremblant la férule magistrale sur les jeunes talens qui viennent prendre leur place dans le monde des vivans.

Les élèves succèdent à leurs maîtres, comme les enfans succèdent à leurs parens ; mais les maîtres de l'académie, comme ces vieillards grondeurs, jaloux de la jeunesse de leurs enfans, ne pardonnent pas à leurs élèves d'arriver à une célébrité devant laquelle pâlit le souvenir de celle qu'ils ont eue autrefois. Le monde blâme la mauvaise humeur de ces vieillards qui ne condamnent dans leurs enfans que la jeunesse qu'ils ont eux-mêmes perdue ; le monde blâme aussi l'entêtement de ces vieux maîtres qui ne condamnent au fond dans leurs élèves que les talens que l'âge a éteints chez eux. Le temps crie aux uns et aux autres : retirez-vous! faites place à d'autres! car il faut que la société marche, et elle n'avance qu'en entassant générations sur générations.

Ce ne sont plus les œuvres de l'académie qu'il convient d'attaquer ; les ouvrages sont hors de cause ; c'est son existence même qui est une mauvaise œuvre, ou plutôt c'est à cette existence qu'il faut attribuer tout ce qui se fait de mauvais.

Qu'importent en effet les pages de l'histoire grecque et romaine traduites en langue vulgaire ? S'il se trouve des hommes qui croient n'avoir rien autre chose à faire que copier ce qui a été fait avant eux et mieux que par eux, ce n'est pas là un crime, et l'on n'est pas plus coupable pour faire de mauvais tableaux de l'histoire grecque et de l'histoire sainte, qu'on ne l'est pour faire de détestables scènes familières de notre temps ; mais on devient coupable du moment qu'on prétend imposer ses principes, condamner ses adversaires et proscrire ses rivaux ; mais on soulève l'indignation quand on monte bien haut à force de ramper, quand on aide les incapacités à monter derrière soi, pour les combler de faveurs, et, avec leur aide, précipiter en bas les hommes que l'on redoute. Ce sont là de mauvaises actions partout ; c'est une rivalité sans noblesse que l'histoire flétrit quand elle en trouve les traits échappés même au plus haut génie.

S'il y eût eu une académie des beaux-arts à Rome, et que Michel-Ange en eût fait partie, il est douteux que Raphaël eût mis au jour les loges du Vatican, et réciproquement pour le ju-

Paris.=ÉVERAT, imprimeur, rue du Cadran, 16.

gement dernier. Nous avons une Académie qui ne renferme, il est vrai, ni Raphaël ni Michel Ange, mais qui n'en est pas moins pénétrée de sa haute intelligence et du mépris que lui inspirent ceux qui ne font pas comme elle ; aussi voyez comme elle domine partout, comme elle plane au-dessus de nos têtes, comme elle se pend aux murs des églises, aux lambris des palais, aux frontons des édifices ; et si le gouvernement, qui ne s'y connaît guère, veut écouter un moment la voix de l'opinion et associer, dans les grands travaux, les noms de quelques hommes jeunes et originaux aux noms de ces continuateurs d'ouvrages posthumes, voyez comme elle appose fièrement son véto, comme elle démontre victorieusement au pouvoir son erreur et son ignorance, et lui fait réparer ses bévues dont il reste tout honteux.

Il y a de nombreuses et tristes choses à énumérer à ce sujet ; nous les citerons l'une après l'autre en leur lieu et place, regrettant que la liste en soit bien longue ; mais il faut que le public les connaisse, qu'il apprenne à les apprécier ; car il est aussi intéressé dans la question, et le temps n'est peut-être pas éloigné où il demandera compte à ceux qui l'ont condamné à admirer tant d'ouvrages qu'il a payés si cher et qui lui paraîtront si nuls.

Si l'influence de l'Académie, dans l'exécution des grands travaux commandés par le gouvernement, se fait encore sentir d'une manière si déplorable, il faut convenir qu'elle s'affaiblit chaque année dans les expositions du Louvre, et que le public, qui admet trop volontiers les ouvrages des membres de l'Institut lorsqu'ils se présentent seuls sous les formes monumentales, leur témoigne avec raison une profonde indifférence lorsqu'ils se trouvent en parallèle avec les créations neuves que renferme chaque nouveau Salon. C'est qu'en effet, le public, presque toujours étranger à l'étude des beaux-arts, ne peut se former un juge-

ment raisonnable que par la comparaison, et qu'il n'admire
l'Académie que là où l'Académie se présente sans concurrens et
sans contradicteurs. Aussi est-ce peut-être un service involontaire que nous rendons à ses membres, en signalant ici les derniers efforts qu'ils viennent de faire pour soutenir une partie que
les plus habiles paraissent avoir abandonnée.

En effet, MM. Gérard, Gros, Abel de Pujol se sont fait remarquer par leur absence, tandis que la présence de MM. Blondel,
Paulin-Guérin, Mauzaisse, Bidault demeure inaperçue. Il est
désormais inutile de parler de ces ouvrages qui échappent à toute
analyse et qui prouveraient invinciblement, s'il était encore possible d'en douter, combien cette école de David est incapable,
au point où l'ont amenée ses infidèles disciples, de nous peindre
les idées et les faits de notre temps. Il n'y a d'autre critique à faire
de ces œuvres que de rappeler à leurs auteurs la manière dont
David nous a tracé l'image de Mirabeau, de Marat, de Lepel-
letier, et de leur demander ce qu'ils ont fait de l'exemple d'un tel
maître. C'est avec les ouvrages de David que l'on peut porter à
ses successeurs les plus rudes coups. Mais les prêtres du dieu,
après l'avoir rapetissé à leur taille, le méconnaissent aujourd'hui
et le proscriraient s'il reparaissait devant leur tribunal avec *le
serment du jeu de paume*. Ce n'est pas parce qu'ils ont suivi la
route ouverte par David que le public leur montre maintenant
tant d'indifférence, et que nous nous élevons contre l'infime
médiocrité de leurs œuvres; c'est parce qu'ils se sont égarés
dans cette route, parce qu'ils n'ont pas suivi leur guide, parce
qu'ils ont abandonné leur chef et trahi ses principes. Voilà ce
que ces messieurs ne comprennent pas et ce qu'il y a peu d'es-
poir de leur faire comprendre.

Ils ne font d'ailleurs que ce qu'on leur a enseigné dans l'école,

et, comme l'a dit un homme de bonne foi qui se trouve parmi
eux, il est trop tard pour qu'ils entreprennent de faire autre
chose.

Que M. Delorme, après avoir peint pendant toute sa vie Héro
et Léandre, nous donne encore une femme nue qu'il appellera
Eve; que M. Latil nous présente Isaac bénissant Jacob, avec des
couleurs qui ne se trouvent plus sur aucune palette; que M. Paulin-Guérin nous montre, dans son *Ecce Homo*, à quel point
peut se tromper un homme qui a pourtant fait dans sa vie une
œuvre pleine de force et d'originalité; que M. Blondel nous fasse
des tableaux avec les phrases d'une épître aux Corinthiens, le
public ne s'en émeut plus guère, et s'il les regarde encore, c'est
que les tableaux de ces messieurs occupent les plus belles places
au Salon, et sont régulièrement commandés ou achetés par le
Gouvernement; c'est que plusieurs de ces messieurs font partie
de l'Académie, et que ce vieux titre de gloire produit encore sur
la multitude des ignorans une impression magique, qui s'éva-
nouira pourtant bientôt.

Mais le public s'aperçoit déjà que quand M. Heim veut nous
représenter une scène de notre époque, il ne réussit qu'à réunir
une collection de plus de quatre-vingts portraits, dont quelques
personnes seulement peuvent constater la ressemblance; mais il
n'y a dans son cadre ni effet général, ni intelligence d'une scène
historique qui doit passer à la postérité, ni caractère, ni vérité
dans les physionomies et les costumes. Messieurs Heim, Mauzaisse
et Caminade savent sans doute dessiner le modèle de l'Académie
mais ils n'ont jamais su comment les hommes s'habillent de notre
temps; c'est cependant quelque chose dans des tableaux d'histoire
contemporaine.

L'Académie n'est plus qu'un corps privilégié, exploitant une position acquise par le génie, et dont elle a hérité depuis ; liée à tous les pouvoirs par son institution, elle conservera quelque temps encore la faculté de couvrir les églises et les palais de la froide magnificence et des pesantes dimensions de ses œuvres ; mais sa gloire est éteinte, son règne est passé, son génie et ses doctrines sont sans influence pour l'avenir des arts.

M. Ingres.

C'est un incident remarquable dans notre époque de doute et de raillerie, que ce retour de quelques esprits vers les sources d'une religion qui s'en va. L'on dirait voir les derniers efforts d'une croyance qui meurt au milieu de l'indifférence générale.

Des hommes doués d'une haute intelligence, dégoûtés du présent, sans foi dans l'avenir, ne trouvant, dans un monde qui ne croit plus, ou qui ne croit pas encore, aucune sympathie pour leurs nobles émotions, se rejettent avec amour vers le passé, et appellent aux vieilles admirations, aux anciens cultes du froid et sceptique jugement de la multitude.

Au premier rang de ces disciples du catholicisme se place M. Ingres, dont le nom entraîne après lui une jeunesse nombreuse, pleine d'ardeur et d'enthousiasme. M. Ingres ne s'annonce pas comme prophète, mais il se pose comme réformateur, réformateur de l'art tout entier, de la pensée comme de l'exécu-

tion. La doctrine qu'il a développée dans ses principaux ouvrages décèle une profonde et constante préoccupation ; il
semble qu'il ait voulu arracher l'art aux traditions héroïques de
l'école de David pour le lancer dans les voies religieuses et mys-
tiques des apôtres et des pères de l'Église.

Le plafond d'Homère était déjà empreint d'un sentiment si
simple, si calme et si élevé, que l'ouvrage n'a réellement du
chantre du polythéisme que le nom et le costume ; mais il in-
spire un profond recueillement comme la parole évangélique.
Cette grande pensée se trouve aujourd'hui complétement résu-
mée dans le martyre de saint Symphorien. Cette fois, l'étude
constante et opiniâtre des grands peintres du catholicisme a
presque pris le caractère de la conviction ; cette fois, M. Ingres
s'est tellement identifié avec leurs manières de sentir et d'exprimer leurs émotions, que l'on croirait presque qu'il les partage
réellement ; enfin le disciple des grands maîtres a traduit leurs
idées dans une langue telle, qu'on peut dire que souvent la traduction est littérale.

Comme réformateur de la pensée, M. Ingres repousse la poésie tour à tour épique ou érotique de l'école qui l'a précédé ; il
répand dans l'art un sentiment grave et sévère, il le place en
adoration devant la religion ; c'est à la fois une réaction contre
l'école mythologique de David, et contre la jeune école positive
qui étudie l'actualité, ou cherche à pénétrer dans l'avenir.

Mais la pensée de M. Ingres ne lui appartient pas, c'est l'évo-
cation d'une ombre que des siècles avaient condamnée au repos
de la tombe. C'est l'école de David sous une autre forme, s'adressant à une autre époque pour communiquer ses émotions à une
autre philosophie, pour puiser ses inspirations. Mais il y a peut-
être une grande erreur dans ce changement de costume et de

croyance , c'est que ni l'un ni l'autre ne trouve de rapport, d'allusion , de sympathie parmi nous ; c'est que le catholicisme est éteint au milieu des peuples du dix-neuvième siècle ; c'est que le mystère n'est plus admis par personne aujourd'hui ; que la science va fouillant aux entrailles de la terre pour y saisir le secret de sa vie , de son animation et de son mouvement.

Faut-il donc le répéter encore ? Quand David peignait les Grecs et les Romains, c'étaient des héros républicains qu'il offrait pour modèles à ses contemporains , qui n'adoraient plus alors d'autres saints que les Brutus., Caton, Cincinnatus et les Gracques ; et c'est là qu'est la supériorité de David , c'est qu'il inspirait à ses contemporains des émotions vives et profondes, parce que sous un voile antique elles rencontraient dans la multitude des sympathies universelles.

Et l'on vient nous rappeler aux émotions religieuses, l'on vient invoquer notre admiration devant un martyr bravant les supplices pour la Sainte-Trinité, pour la divinité de celui qui s'appelait le Fils de l'Homme ; mais nous ne croyons plus à rien ! à peine croyons-nous à nous-même ! et si nous avons foi en quelque chose, ce n'est guère qu'en notre bien-être, quand nous l'éprouvons. Comment serions-nous émus du spectacle de la plus complète abnégation , du plus fanatique dévouement ? à peine croyons-nous encore à ces histoires ?

Comme réformateur de l'expression ou de l'exécution dans l'art , M. Ingres nie l'existence de la couleur ; c'est encore une double réaction contre les continuateurs de David, et contre les jeunes talens qui s'attachent depuis quelques années aux progrès de l'art dans cette nouvelle voie.

Nous ne voulons pas analyser l'exécution de l'ouvrage de

M. Ingres, elle est d'un caractère trop élevé, trop précis, trop savant, pour que nous essayions d'en rapetisser les formes en les disséquant. L'on a dit devant le Martyre de saint Symphorien qu'en le regardant avec attention on oubliait bientôt qu'il n'y avait pas de couleur : cet éloge peut être vrai pour quelques intelligences privilégiées; mais nous avons entendu dire aussi que la couleur en peinture *est comme le soleil, et que celui-là est aveugle qui ne la voit pas.* Nous avons vu signaler des exagérations de formes et de contours, nous avons vu le public généralement indifférent, ce qui est toujours une critique, parce que l'une des qualités essentielles à l'artiste, c'est de se faire comprendre; nous avons entendu les opinions les plus contradictoires de la part des hommes compétens en cette matière; nous ne nous en ferons pas les échos, parce que nous pensons que pour critiquer toutes les parties d'une œuvre aussi savante, il conviendrait d'avoir une expérience presque égale à celle de son auteur, parce que ce n'est pas tant dans l'exécution du tableau que se trouve le côté faible du talent de M. Ingres, que dans sa volonté, dans la ferme résolution qu'il paraît avoir adoptée de persévérer dans une mauvaise voie.

Le tableau du martyre de saint Symphorien nous paraît un riche et profond commentaire de la peinture des anciens maîtres; c'est un dessin à l'huile dans lequel il y a une profusion de savoir, une connaissance prodigieuse du génie des hommes que l'auteur s'est appliqué à imiter; c'est un résumé plein de concision de l'enfance de l'art florentin, ou bien plutôt peut-être de l'art allemand; mais ce n'est pas de la peinture, ce n'est pas une œuvre originale, ni par la pensée, ni par le caractère, ni par l'exécution; il ne renferme aucun germe utile au développement de l'art, il ne jette dans la société aucune impression nouvelle, aucun enseignement nouveau.

Si M. Ingres n'était, comme les autres peintres, qu'un artiste qui vient soumettre au public l'œuvre accomplie dans la retraite de l'atelier, et prendre dans l'opinion le rang que paraît lui assigner la voix publique, nous terminerions ici ces observations ; mais il y a deux hommes dans M. Ingres, il y a d'abord le peintre long-temps méconnu, repoussé, abreuvé de dégoûts, absorbé dans des travaux qui s'emparaient de toute sa vie sans que le public, l'Académie, ni qui que ce fût parût vouloir lui tenir compte de ce qu'il produisait si laborieusement et avec tant de conviction; puis il y a M. Ingres, officier de la Légion-d'Honneur, membre de l'Institut, chef d'école, marchant à la tête d'une armée de près de quatre-vingts élèves, professant les doctrines les plus étroites, les plus exclusives et les plus dangereuses pour les jeunes gens qui se passionnent vite pour un système, dès qu'on l'environne d'une gloire empruntée à une autre époque.

Sous l'invocation de Raphaël, on institue une religion intolérante, dont les membres ont altéré et faussé complétement les textes primitifs. L'on ne trouve dans Raphaël qu'un principe, et il en a changé lui-même trois fois; l'on fait ce principe immuable, stationnaire, et le génie de Raphaël était essentiellement progressif. On établit pour doctrine l'imitation de ses défauts comme de ses qualités, et Raphaël n'a imité personne; on fait rétrograder l'art en arrière de Raphaël, et Raphaël a porté l'art si loin que les monumens qu'il a élevés sont restés au milieu des plus beaux et des plus avancés; l'on ressuscite à l'ombre de son nom une vieille religion, une vieille morale, une vieille philosophie, et Raphaël a résumé dans ses œuvres la religion, la philosophie et la morale de son époque.

Voilà comment l'on traduit aujourd'hui le génie le plus fécond et le plus puissant que l'art ait jamais inspiré; on a tra-

vaillé trente ans pour couvrir à grand' peine trois ou quatre
toiles, en se traînant lentement dans les ornières que le Sanzio
avait rapidement tracées en quinze ans de fécondité, fécondité
qui a produit une profusion de chefs-d'œuvre capable d'épui-
ser trois existences d'homme.

L'on ne continue pas les hommes de génie, on les copie ; et
on ne peut guère concevoir qu'une telle idée soit entrée dans le
cerveau d'un homme de notre temps : mais une fois cette idée
admise, il paraissait naturel de choisir pour thème des varia-
tions que l'on se proposait de faire, le point le plus élevé du génie de l'homme aux traces duquel on s'attachait ; or, il est évident, pour tout homme qui s'est occupé de peinture, que Raphaël, bien loin de nier l'existence de la couleur, s'est attaché
dans les dernières années de sa vie à travailler cette partie de
l'art avec une si vive préoccupation, que dans ses ouvrages de
cette époque la couleur est généralement exagérée. Les personnes
qui se rappellent avoir vu au Musée de Paris la Fornarina, le
Saint-Jean et la Transfiguration, reconnaîtront certainement
avec nous que M. Ingres ne professe pas la peinture de Raphaël,
et que ses ouvrages contrastent terriblement avec ses doctrines ;
il serait peut-être facile de constater plutôt tous les rapports
qu'il y a entre le Saint-Symphorien et la peinture allemande du
même temps, rapports que l'on saisit aussi dans le portrait de
Madeleine Doni et dans plusieurs des premiers ouvrages de Raphaël ; mais prendre pour modèle Raphaël, et choisir l'époque
la moins complète, le caractère le moins parfait de son génie,
ce n'est ni le suivre ni continuer son école, ni le prendre
pour maître, c'est tout au plus en donner une traduction in-
exacte.

Au reste, ces discussions sont tout-à-fait en dehors du public,
qui y reste heureusement étranger ; il n'y a rien pour lui ni

dans le tableau de M. Ingres, ni dans la réaction que l'on veut opérer ; dans les arts, c'est une thèse de savans, il faut connaître la SCIENCE de la peinture pour y prendre part ; mais la peinture, réduite à n'être plus qu'une *science*, serait la plus malheureuse révolution qui pût s'opérer dans les arts, et cela est si bien senti par les élèves de M. Ingres lui-même, qu'ils abandonnent l'un après l'autre les croyances traditionnelles qu'ils avaient puisées dans son atelier, et que le professeur les voit avec un sentiment d'amertume se détacher successivement de lui, à mesure que l'âge et le travail, développant leur intelligence, leur enlèvent le bandeau qui les aveuglait.

Des jeunes talens qui ont rompu franchement les lisières étroites dans lesquelles voulait les enlacer à toujours l'apôtre religieux du moyen âge, celui qui a usé le plus largement et le plus vivement de la liberté qu'il venait de conquérir, est sans contredit M. Ziegler. Si le public se rappelait plusieurs petits tableaux exposés dans différentes exhibitions, il lui serait facile de comprendre combien l'intelligence de M. Ziegler dépassait les doctrines restreintes de son maître, combien un sentiment naturel l'entraînait vers l'étude de la couleur, alors même qu'il paraissait être sous l'influence des sophismes du savant auteur de Saint-Symphorien. M. Ziegler, au dernier Salon, avait donné dans son Giotto une interprétation, sinon aussi littérale, aussi sévère et aussi âpre, du moins bien plus ingénieuse et plus satisfaisante de la peinture de Raphaël. Cette année il a fait autre chose, et c'est peut-être un progrès, car s'il est utile d'étudier la manière de travailler des grands maîtres, il est beau de chercher, après avoir suivi quelque temps leurs traces, une route nouvelle pour l'art, et il est glorieux de la trouver sans s'égarer. Il y a des hommes qui produisent une œuvre dans laquelle ils paraissent avoir réuni toutes les forces de leur talent, et devant laquelle on éprouve comme un sentiment pénible de doute pour leur avenir. Leurs ouvrages, en constatant une certaine somme de mérite, ne promettent pourtant rien au-delà de ce qu'ils donnent; il nous semble que M. Ingres est un de ces hommes, et qu'en adoptant ses principes, sa théorie et sa pratique de l'art, il est difficile de supposer qu'il puisse, après le Saint-Symphorien, en donner un résumé plus complet, plus technique et plus étonnant. C'est parce que M. Ziegler, au contraire, est bien moins complet; parce que, de prime-abord, il n'a pas donné toute la valeur de sa pensée; parce qu'il y a encore dans cette pensée et dans la manière dont elle est rendue, quelque chose de douteux que le public doit espérer en lui. La couleur de sa peinture, sans être énergique, a repris de la fraîcheur et de la lumière; le modelé n'est pas très-ferme, mais il n'a plus l'âpreté de contours contre laquelle les autres élèves de M. Ingres paraissent lutter péniblement, tant est puissante cette influence d'un maître sur le génie des jeunes gens à cette époque de la vie la plus impressionnable, la plus sensible et la plus passionnée ; mais si M. Ziegler a réussi à s'affranchir des théories exclusives dans lesquelles M. Ingres enchaîne la peinture, sa pensée reflète encore cette lumière religieuse que nous signalions en commençant ce chapitre, et dont plusieurs jeunes gens que leurs talens élèvent au-dessus de la foule, paraissent illuminés. Certes, la composition du Saint-Georges, et l'inspiration de Saint-Matthieu décèlent assez d'originalité pour que le public soit en droit d'attendre de l'auteur qu'il complète ce caractère en s'adressant à une philosophie plus nouvelle et à des idées moins connues et moins épuisées. Nous nous trompons peut-être, mais c'est de bonne foi du moins et avec conviction, que nous nous élevons contre cette résurrection d'une vieille croyance, qu'une réforme radicale et généreuse ne parviendrait pas aujourd'hui à sauver de l'indifférence au milieu de laquelle elle languit.

M. Ingres a donné cette année la conclusion de son œuvre ;
nous fermerons le livre en mêlant nos applaudissemens à ceux
des hommes graves et éclairés ; mais M. Ziegler et plusieurs
autres jeunes gens n'ont encore publié que l'exorde de leurs travaux ; il dépend d'eux que l'intérêt du public s'accroisse à
mesure qu'ils entreront dans le développement de leur talent.

Nous venons de voir M. Ziegler marchant franchement et avec
hardiesse dans la route qu'il s'est ouverte en dehors de l'école de
son maître ; voici un homme plus jeune, brouillé déjà avec la
sévère discipline de M. Ingres, luttant encore, peut-être sans
trop s'en apercevoir, contre les règles ardues sous lesquelles il
s'est instruit. M. Amaury Duval a fait, dans son *Berger grec*,
une figure d'une pureté de sentiment, d'une finesse de pose et
d'expression incontestables, d'une correction de dessin, non pas
peut-être complète partout, et pourtant très-remarquable ; mais
autour de cette gracieuse et naïve figure se trouvent un paysage,
une peau de mouton et des accessoires dont nous ne voulons pas
parler, parce que ce n'est pas là qu'est le tableau ; mais la chair
est d'un ton de brique terne et lourd, dont nous ne ferons pas
un reproche direct à l'auteur, parce que nous pensons qu'il ne
lui appartient pas ; parce que là se trouve la palette du maître
avec sa réunion de couleurs négatives, et le parti pris de suppri-
mer dans l'exécution de ses ouvrages ce qu'il nie dans la théorie
de l'art. Malgré la main de fer qui a gouverné le pinceau de
M. Amaury Duval, il y a dans son tableau une réunion de qualités rares qui rachètent bien des défauts, et garantissent l'artiste
contre la dangereuse position d'une louable médiocrité.

Si nous voulions constater complétement la direction qu'im-
prime le grand talent, le haut rang et la sévère doctrine de
M. Ingres aux jeunes gens de notre époque, nous aurions de

nombreux exemples à accumuler après ceux que nous venons d'indiquer; mais l'espace nous manquerait trop tôt, le portrait de Nourrit, par M. Guichard, n'est d'ailleurs pas assez important pour ajouter un grand poids à nos paroles ; les moines de M. Etex, auxquels il a prêté l'obscure appellation du religieux et du philosophe , sont placés beaucoup trop haut pour que nous puissions en parler en connaissance de cause, et pour que la majeure partie du public soupçonne même leur présence au Salon. Il faut espérer qu'un nouveau classement des tableaux permettra d'apprécier mieux quelques ouvrages qui , comme le Rabelais de M. Delacroix, la bonne Aventure de M. Gigoux, le Vieillard de M. Bigant et les Moines de M. Etex, paraissent mériter une attention particulière. Le tableau de M. Etex, autant que nous avons pu en juger, nous a paru meilleur que la notice qu'il en donne dans le catalogue, ce qui n'est pas arrivé à tous les artistes. Nous le plaçons ici parce qu'en lui se manifeste encore cette réminiscence religieuse, dont les progrès sont assez sensibles, pour faire redouter qu'elle ne produise enfin une réaction dans le cours des idées et des arts contemporains.

Nulle part le résultat des principes de M. Ingres n'est poussé aussi loin que dans le Moïse de M. Comaïras; c'est une déduction logique , un enchaînement rigoureux de la doctrine du professeur. L'exagération des défauts des maîtres y est répétée presque avec affectation. Enfin nous terminerons ces observations en exprimant le regret de voir M. Hesse lui-même, qui avait débuté l'année dernière d'une manière si brillante, exposer cette fois un portrait dans l'exécution duquel il paraît avoir été singulièrement pénétré et préoccupé de son admiration pour M. Ingres. La couleur terne et inanimée de la chair, la précision dure et uniforme des contours, nous paraissent altérer tout le mérite d'une peinture qui annonce d'ailleurs une grande habileté. Ce

prosély.tisme nous effraie, et voici pourquoi : c'est que M. Ingres
n'est arrivé au point où il est qu'au travers de longues et pé-
nibles études ; qu'à force de travaux il s'est créé cette gloire
d'homme savant à laquelle ses élèves ou ses imitateurs ne peuvent
plus espérer d'atteindre, parce que M. Ingres a fait une œuvre
qui ne se recommence pas, et que personne ne peut recommen-
cer après lui.

M. Delaroche.

Il y a parmi les hommes des intelligences passionnées, inégales
et fougueuses qui semblent obéir à un démon caché qui les
presse, les régit et les domine. Il y a d'autres intelligences plus
calmes, plus régulières, plus raisonnables, qui semblent appe-
lées à faire également bien tout ce qu'elles entreprennent, qui
gouvernent constamment leur imagination, garantissent de tout
égarement leurs plus vives passions, et offrent à leurs contemporains l'exemple d'une carrière dans laquelle ils n'ont fait ni chute
ni scandale.

L'intelligence de M. Delaroche nous semble appartenir à cette
dernière classe ; sa pensée, plus souvent ingénieuse que profonde,
s'adresse au public dans un langage de bon goût et de bon ton,
dont il s'écarte rarement ; qu'il nous montre sur la toile une tête
coupée, ou une tête sous la hache, on peut sans crainte arrêter
ses regards sur son tableau, on n'y trouvera aucune des impressions d'horreur ou de dégoût que la nature peut faire naître en
pareil cas. La passion qu'il peint est toujours élégante ; la ca-

tastrophe qu'il représente est toujours ménagée de manière à respecter les nerfs de la bonne compagnie.

M. Delaroche est homme du monde avant tout, puis il est homme d'esprit, homme de talent, et enfin il est artiste; mais l'esprit, le talent, l'art lui-même, doivent se soumettre aux exigences de l'homme de goût; ainsi sa pensée une fois fixée, il ne paraît pas chercher à la développer sous le côté le plus saisissant, le plus vrai, le plus naturel, mais il la formule dans un ensemble d'effets raisonnables au milieu desquels rien ne doit choquer la susceptibilité du public; il ne hasarde rien, parce qu'il préfère les applaudissemens donnés à sa belle parole, aux émotions violentes d'une expression vraie comme la nature, mais souvent aussi, douloureuse ou repoussante comme elle.

L'on a déjà reproché à M. Delaroche de s'attacher avec trop de préférence aux épisodes de l'histoire d'Angleterre; on lui a même fait un tort de nous reproduire les scènes des illustrations de l'histoire de David Hume; nous pensons que ces reproches sont peut-être encore plus fondés, si l'on veut bien réfléchir combien les traits sous lesquels il nous peint tour à tour la reine Élisabeth, les victimes de Glocester et le puritanisme de Cromwell, sont dépourvus du caractère et de la vérité que leur a conservé l'histoire. Ses tableaux ressemblent à des scènes de théâtre bien disposées, ses figures à des acteurs dont la place, le geste, le regard ont été bien calculés pour concourir à l'effet de l'ensemble; mais il n'y a ni inspiration soudaine, ni passion vive, ni émotion rapide pour le spectateur; c'est en s'arrêtant devant son œuvre, en l'examinant avec soin, que l'on reconnaît l'ordre qui a présidé à la disposition, l'intelligence qui a coordonné la couleur, l'effet et l'expression de manière à ce que les esprits les plus ordinaires puissent comprendre qu'il y a là une scène dramatique ; mais il en résulte une distance immense entre le fait tel qu'il a dû se passer et l'exposition qu'en offre M. Delaroche.

On peut facilement faire l'application de ceci devant le tableau de Jane Gray. Nous avons été frappés tout d'abord, devant cette peinture, de l'habileté d'exécution qui se décèle jusque dans les moindres détails, et nous avons entendu remarquer plus d'une fois que cette habileté si minutieuse nuisait même à l'impression que pouvait produire l'ouvrage, c'est-à-dire que la finesse des étoffes, la vérité du rendu des plus minces parties du costume, étaient en vue, et venaient distraire forcément l'attention du spectateur de l'effet principal du tableau ; c'est un défaut de sentiment dans un tableau qui en est cependant encore assez largement empreint.

Il existe en outre une critique simple et sévère de ce tableau, critique plus sévère que nous n'aurions osé la formuler nous-mêmes, c'est la notice contenue dans le catalogue, et extraite du martyrologe des protestans. Voici ce qu'on lit dans le Livret :

« La noble Dame , arrivée au lieu du supplice , se tourna vers
» deux siennes nobles servantes , et se laissa devestir par icelles.
» Sur cela le bourreau se mettant à genoux , luy requit hum-
» blement luy vouloir pardonner, ce qu'elle fit de bon cœur.
» Les choses accoustrées, la jeune princesse s'étant jetée à ge-
» noux , et ayant la face couverte , s'écria piteusement : Que fe-
» ray ci maintenant ? où est le bloqueau ? Sur cela sir Bruge qui
» ne l'avait pas quittée, luy mit la main dessus. Seigneur, dit-elle,
» je recommande mon esprit entre tes mains........»

Il s'est trouvé des personnes qui ont été sincèrement plus émues à la lecture de ces simples et tristes paroles, qu'à la vue

de la peinture un peu théâtrale de M. Delaroche. Pour décider
de quel côté se trouve réellement l'impression poignante, vraie
et dramatique, nous nous en rapporterons au sentiment de ceux
qui n'ont pas énervé leur cœur aux misérables *sentimentalies*
du théâtre du Gymnase. Mais en suivant sur le tableau les portraits à peine esquissés dans le chroniqueur, nous avouons que
le bourreau, dont l'expression est complétement nulle, ne ressemble guère à cet homme pénétré de pitié jusque dans l'accom-
plissement de son horrible métier, et demandant pardon à sa vic-
time de ce qu'il va faire; que le sir Bruge dirige les mains
de la malheureuse femme avec trop d'aisance; enfin que les suivantes sont trop éloignées de leur reine, et que cet éloignement
semble les rendre trop indifférentes à son sort; que Jane Gray
manque au caractère que lui donne l'histoire, caractère aussi
noble, aussi énergique qu'il est touchant; qu'enfin l'artiste s'est
sans doute plutôt inspiré de la figure de Marie Stuart que de
celle de Jane Gray.

Avec une autre organisation que celle de M. Delaroche, il
est possible de frapper d'une impression plus vive et plus
douloureuse par l'aspect d'une jeune femme plaçant sa tête sous
la hache du bourreau; mais en admettant la peinture telle que
la comprend M. Delaroche, il est peut-être difficile d'offrir une
scène à la fois plus convenable et plus touchante.

Quant à l'exécution des parties de son œuvre, quant aux
étoffes, au ton des chairs, à la couleur de l'ensemble, M. Delaroche est resté un homme très-habile, sans cependant avoir
égalé certaines parties du costume de son Cromwell. Il y a même
dans le tableau de Jane Gray une mollesse de couleur, une
teinte générale un peu blafarde qu'il a peut-être répandue à
dessein pour ajouter à la tristesse de la scène, mais qui devient d'un aspect terne et désagréable lorsqu'on s'y arrête quelque temps.

M. Delaroche est un homme d'un grand talent, il ne lui
a manqué que d'être né peintre pour devenir un grand peintre;
doué de qualités remarquables, il devait sans doute se placer
avec distinction, n'importe dans quelle carrière il se fût lancé.
S'il eût entrepris de se faire une réputation littéraire, probablement il aurait réussi; il semble surtout qu'il possède l'intelligence des effets de la scène, mais il n'a pas montré jusqu'à présent que son génie fût celui de la peinture; il n'est pas dominé
par ce besoin d'expansion, cet amour, cet entraînement qui
mettaient si souvent la palette à la main des grands maîtres, qui
l'ont mise à celles de David, de Gros et de Géricault, hommes nés
peintres, dont la pensée ne se développait, ne se manifestait
qu'au moyen des couleurs, et qui faisaient de la peinture par
une nécessité aussi impérieuse que celle qui fait que l'arbre
produit des fruits.

Cependant le talent de M. Delaroche a quelque chose d'actuel
et de moderne, il s'harmonise singulièrement avec un certain
ordre d'idées qui existent parmi nous; il a quelque chose de la
raideur et de l'apparat des formes de la haute société, et il nous
semble qu'à lui devrait appartenir le privilége de peindre les
pages officielles de notre histoire contemporaine; certainement
les hommes et les faits seraient rendus avec un caractère de
vérité et de ressemblance qui manque tout-à-fait ailleurs. Mais
telle est la portée de nos *Mécènes*, qu'ils font peindre la Cham-
bre des Députés par M. Heim, et qu'ils donnent à faire à
M. Delaroche les tableaux de sainteté de la Madeleine. Nous
laissons au public à décider lequel a le plus de chemin à faire,
de celui qui sort du règne d'Élisabeth d'Angleterre pour remon-
ter jusqu'à l'enfance du christianisme, ou de celui qui tombe
du manteau grec au frac du représentant du peuple français.

Sous le nom de *Sainte-Amélie*, M. Delaroche a exposé un

petit tableau dans lequel il a porté aussi loin qu'il était peut-être
possible de le faire, la finesse de touche , l'adresse d'exécution
dont il est doué; il y a des ornemens qui sont merveilleusement
traités, mais à l'exception de la figure de la suivante agenouillée
derrière Amélie , les têtes manquent d'expression et de sentiment; mais le ton des chairs est noir et lourd , mais les étoffes
sont faites de la même manière que le pavé de marbre , elles sont
aussi polies , aussi dures que lui ; tout le tableau offre une crudité de ton qui lui donne l'air d'une peinture sur porcelaine.
Nous aimerions mieux le *Galilée*, si la tête du savant était plus
caractérisée et d'un ton plus ferme et plus entier. Dans les petits
tableaux de M. Delaroche comme dans les grands , les détails
emportent presque toujours l'ensemble , les accessoires étouffent
presque toujours les têtes.

Malgré ses imperfections , M. Delaroche occupe une place très-
élevée au milieu de nos artistes , et il y a une grande raison pour
que le public l'y ait porté, c'est que l'exécution de M. Delaroche
est originale , qu'elle lui appartient en propre , c'est qu'il ne s'attache exclusivement à aucune école , et qu'il paraît plutôt de-
voir en établir une. Si donc nous avons insisté un peu vivement
sur les défauts de sa peinture , c'est qu'il nous semble que ce
sont surtout les hommes qui exercent une influence sur la direction des arts , qui rallient autour de leur talent une foule de
jeunes gens prêts à s'enthousiasmer légèrement , ce sont surtout
ces hommes sur lesquels la critique doit étendre ses investigations.

M. Delaroche a changé d'époque l'ancienne peinture d'histoire,
il l'a rapprochée de nous ; sous ce rapport, c'est un progrès ; il
sert de transition entre l'école de David et celle de Géricault, et
sa peinture conduira peut-être le public à comprendre tout-à-
fait celle des successeurs de ce jeune maître, en faisant oublier

complétement au peuple la peinture raide et prétentieuse de ce
qu'on a improprement appelé les classiques.

Quelque imparfaits que soient les tableaux de la mort d'Élisabeth, des Enfans d'Edouard, du Cromwell et de Jane Gray [1],
ils ont ému la société qui a rompu définitivement avec les Grecs
et les Romains, lorsque, depuis long-temps déjà, la question était
résolue par d'autres aux yeux des artistes. Aussi M. Delaroche
n'est pas l'homme des artistes, mais il est le peintre de la société ; c'est sur elle, sur son intelligence, sur son jugement qu'il
agit ; à d'autres appartient la gloire d'avoir fait progresser l'art,
à M. Delaroche revient peut-être l'honneur d'avoir fait comprendre le progrès.

Chaque année, les tableaux de l'histoire grecque, de l'histoire
romaine et de l'histoire sainte diminuent de nombre, et chaque
année aussi s'accroît la quantité des tableaux d'histoire des peuples modernes. On s'est écrié plus d'une fois à cette occasion que
l'art allait décroissant, se rapetissant, comme si l'art se mesu-
rait à la toise, comme si l'art n'était pas aussi grand, aussi élevé
dans un tableau de Rembrand que dans une vaste toile de Ru-
bens, comme si l'art n'était pas cent fois plus puissant dans
le Massacre de l'évêque de Liége de M. Delacroix que dans les
plafonds de M. Blondel. L'art n'a pas de mesure, et mieux vaut
le voir trop grand sur un petit théâtre, que de se perdre à le
chercher sur une grande scène.

Puisque les arts ne peuvent pas brusquement, et au sortir du

---

[1] MM. Rittner et Goupil, boulevart Montmartre, ont confié à M. Mercury
le soin de graver le tableau de Jane Gray. La gravure *des Moissonneurs* que nous
a donnée cet artiste, nous garantit d'avance que le tableau ne perdra rien dans
la traduction que doivent en publier MM. Rittner et Goupil.

palais Médicis , passer dans nos mœurs , s'identifier avec nos
idées , correspondre avec nos habitudes , satisfaire nos conve-
nances et sympathiser avec nos passions actuelles , puisque la
marche lente et graduelle des idées exige qu'il y ait une transition, il n'y en a pas de plus rationnelle que l'étude de l'histoire
des peuples qui se partagent aujourd'hui le globe ; cette étude
doit rapprocher insensiblement les arts de notre époque, et le
temps n'est peut-être pas éloigné où ils y entreront complète-
ment, et où, cessant de rebattre des routes connues, ils entreront dans des voies nouvelles , et deviendront ce qu'ils doivent
être , une puissance morale dans la société par les doctrines qu'ils
appliqueront, et une autorité historique par les monumens qu'ils
élèveront.

Voilà ce que le public comprendra un jour, voilà ce que
M. Delaroche lui expliquera mieux que les commentaires des
critiques ; voilà ce que d'autres encore travaillent avec succès à
lui faire comprendre.

Le peintre de Marguerite , celui qui nous a intéressés tant de
fois aux malheurs des familles grecques , qui a aussi , dans son
langage poétique et touchant , prêché la croisade en faveur des
Hellènes, remonte maintenant le cours de l'histoire pour y puiser, sous d'autres formes, les mêmes inspirations de tendresse et
de douleur.

« Et tandis que nous, dans le camp, célébrons notre victoire,
» que fait notre vieux comte, seul dans sa tente, devant le corps
» mort de son fils? il pleure. »

La scène principale du tableau de M. Scheffer est grave et
mélancolique comme la dernière phrase de la ballade , mais les

guerriers sont peut-être trop éloignés, trop resserrés dans un petit espace, pour que le contraste des joies du triomphe et de la douleur du vieillard soit aussi complet, aussi profond que dans le poète allemand. La pose du *larmoyeur* est belle, mais la tête est d'un caractère commun ; nous avons entendu dire pourtant qu'il avait bien heureusement choisi son modèle ; les mains sont d'une exécution remarquable ; la tête du jeune homme est une des plus belles de l'artiste, qui en a créé plus d'une dont le souvenir nous est resté. La mort est peinte dans toute sa vérité, sans exagération, mais sans ménagement ; la figure est jeune, d'un beau caractère, et offre de la mort une expression si juste, si triste, si douloureuse, qu'il est impossible de ne pas croire qu'ici l'artiste ne se soit servi de la nature. Quoi qu'il en soit, il a dû être bien profondément pénétré de l'impression qu'il s'appliquait à produire, pour avoir réussi si complétement à la faire passer dans l'âme du spectateur.

Les œuvres de M. Scheffer présentent, en général, un résultat tout opposé à celui des ouvrages de M. Delaroche. Ainsi nous avons signalé dans ce dernier le minutieux travail ; la soigneuse application qu'il apporte dans l'exécution des étoffes et des accessoires, dont le fini écrase souvent l'expression des têtes, ou nuit au sentiment de la scène qu'il veut peindre. Dans M. Scheffer, au contraire, tous les accessoires sont sacrifiés à l'étude des têtes et à l'exécution des figures ; ainsi dans le larmoyeur, les armes du vieux comte sont d'une couleur lourde et terne qui leur donne l'air d'un carton ; dans l'armure du jeune homme, qu'il a voulu rendre plus brillante, il n'a pu encore réussir à atteindre la fermeté et l'éclat du métal : les touches sont molles, le ton mielleux et gras. Mais tel mérite que l'on puisse trouver dans l'imitation parfaite d'un costume, d'une étoffe ou d'une cuirasse, nous ne pouvons nous empêcher de reconnaître combien l'art est plus élevé, plus expressif et plus intéressant, lorsqu'il s'attache à peindre les passions de la nature vivante, plutôt que les froides imitations d'une nature inanimée. A l'exception de la tête du Saint Symphorien de M. Ingres, nous ne croyons pas qu'il y en ait une au Salon que l'on puisse comparer à celle du fils du larmoyeur.

M. Scheffer affecte souvent de répandre dans ses tableaux un ton bitumineux, roux et sale, qui leur donne un vernis d'antiquité, un faux air des vieux maîtres flamands ; mais il ne faut pas s'y tromper, le travail du temps ne s'imite pas ; et d'ailleurs, cette teinte fumeuse qui couvre leurs tableaux n'est réellement aujourd'hui qu'un voile jaloux au travers duquel nous sommes obligés de chercher le ton primitif et les beautés véritables de ces maîtres. M. Scheffer ne s'y méprend pas toujours lui-même, et lorsqu'il le veut, sa peinture acquiert toute la vie et toute la fraîcheur que l'on peut atteindre. Nous n'en voulons pour preuve que la belle tête de sa *Médora* ; il y a un sentiment de tristesse profonde et intime dans cette figure sans larmes, sans grimaces et sans efforts ; la douleur de l'ame, l'oppression du cœur, non celle qui éclate en plaintes et en sanglots, mais celle qui comprime la poitrine, qui pèse sur la pensée, sont rendues avec beaucoup de noblesse et de vérité. La fixité du regard, la tension des traits de la figure, tout traduit une émotion forte et douloureuse. Médora voit s'éloigner pour la dernière fois le navire du corsaire.

Comme pensée, comme expression, la Médora de M. Scheffer est une belle traduction de la poétique figure de Byron. Comme peinture, l'exécution est froide, la couleur sans énergie ; le modelé est un peu plat, surtout dans les bras qui ne tournent pas ; mais si l'on peut encore signaler des défauts dans les tableaux de M. Scheffer, s'ils ne frappent pas vivement au premier aspect, s'ils ne se développent pas avec prétention, avec un grand luxe de mise en scène et d'effet théâtral, il y a au fond une imagination vive, un sentiment vrai dont l'impression, pour être moins prompte, n'en est peut-être que plus sûre.

M. Scheffer est du petit nombre des artistes qui se sont appliqués à nous peindre des caractères ou des faits contemporains. Il est un de ceux qui ont montré quelle influence l'art pouvait exercer sur la population; en s'adressant à elle dans une langue intelligible, en lui communiquant les impressions qu'elle peut recevoir et pour lesquelles elle a comme une prédisposition sympathique, en rompant tout-à-fait avec ces tablettes historiques dans lesquelles il semble que depuis vingt ans les artistes s'appliquent à ressasser et trier exclusivement les motifs de leurs ouvrages. Il nous a parlé, à nous, des choses de notre temps; il a poétisé la nature à nos yeux dans les femmes Souliotes, puis, comme il aime la poésie, il s'est adressé à Goëthe, à Schiller, à Byron, pour réaliser sur la toile les vagues créations des bardes allemands et anglais. Peintre d'imagination plutôt que d'imitation, il parle plus à l'intelligence du public qu'à ses yeux; aussi le public est-il peut-être moins empressé cette année devant ses ouvrages que lorsqu'il lui présentait des scènes palpitantes de l'intérêt du moment. Nous applaudissons vivement à cette tendance de quelques jeunes gens à exprimer, sous les formes de l'art, des idées et des faits contemporains, parce que nous pensons que c'est le seul moyen de fixer sérieusement les regards de la société sur l'art auquel elle était jusqu'à présent indifférente ou étrangère, parce qu'en l'attirant d'abord par le choix des sujets, on arrivera à lui faire étudier, apprécier et comprendre le mérite de l'exécution; parce qu'en un mot, c'est le moyen de populariser les arts parmi nous et de les arracher au juge-

Paris — Imprimerie EVERAT, rue du Cadran, n° 16.

ment exclusif d'une petite portion de la haute société qui s'en occupait seule jusqu'à ce jour.

Nous sommes loin de proscrire pour cela l'étude des faits historiques, car nous avons proclamé, en commençant cette revue, que tous les temps, toutes les époques appartenaient à l'art, et sous cet aspect, nous signalerons au contraire les travaux de deux frères que le public avait déjà appris à aimer avant qu'ils n'eussent placé des tableaux au Salon.

C'est une chose noble et intéressante que l'existence de ces deux artistes, liés intimement l'un à l'autre par la fraternité du sang et la fraternité du talent, de ces deux intelligences sympathiques vouées ensemble aux arts qu'elles ont étudiés d'après les mêmes principes, dans lesquels elles ont suivi le même développement pour arriver toutes deux au même résultat, le progrès.

Les frères Johannot, graveurs d'abord tous deux, puis tous deux dessinateurs, puis se faisant peintres en même temps, ont fini par constituer à eux deux comme une individualité vis-à-vis de laquelle on dirait qu'ils sont solidaires du talent l'un de l'autre. Peintres épisodiques, parce qu'ils ont long-temps appliqué l'art à l'interprétation des scènes de l'histoire et du roman, ils ont passé leur jeunesse au milieu des vignettes, et sont devenus peintres en atteignant leur virilité, sans oublier entièrement les premiers essais de leur talent. Au contraire de bien des artistes, ils se sont fait petits dans leurs jeunes années; puis peu à peu ils ont agrandi leur terrain, élargi leur cadre, et marchent maintenant toujours d'accord, toujours égaux, sans que l'un puisse laisser long-temps l'autre en arrière, vers le but qu'ils se sont proposé.

6

Si M. Alfred nous a ému, il y a trois ans, devant une *Scène d'Arrestation sous Louis XIII,* dans laquelle régnait un sentiment vrai et profond, M. Tony a constaté cette année qu'il était aussi habile à transporter sur la toile les impressions graves et sérieuses dont il avait déjà trouvé le secret dans un grand nombre de vignettes. Si nous avons admiré quelquefois la finesse d'exécution de certaines parties des ouvrages de M. Tony, M. Alfred prouve, cette année, dans son tableau de *Charles-Quint,* qu'il peut aussi heureusement porter son application sur cette partie de l'art, qu'aucune des ressources de la palette ne lui est inconnue, et qu'il ne lui reste peut-être qu'à en régler l'emploi. La couleur franche et brillante des étoffes et des ornemens a trop d'éclat; le ton est accusé dans quelques parties avec crudité; les têtes sont étudiées avec soin, mais un peu sèches; l'auteur semble s'être trop appliqué à leur faire exprimer tout ce qu'elles doivent dire; il en résulte de la raideur et de la dureté dans les figures; le Charles-Quint, hypocrite courtisan, manque de finesse; la colère de François Ier n'est pas noble, dans le personnage le plus noble, le plus poli de son siècle; mais les défauts du tableau de M. Alfred sont de surabondance; c'est pour avoir voulu être trop coloriste, trop expressif, trop ingénieux, qu'il s'est trompé; il a dépassé le but. Nous avons entendu plusieurs personnes préférer son tableau de l'Arrestation; nous n'adoptons pas complétement cette opinion; il nous semble que cette fois M. Alfred a voulu faire autre chose; le motif est différent, la scène moins dramatique, plus théâtrale, et il a usé de nouveaux ressorts pour produire un autre effet; que ce tableau rallie moins de suffrages que le premier, c'est une question peu importante dans la carrière de l'artiste; ce que l'on peut constater, c'est qu'il y a une manière nouvelle; et cela seul prouve peut-être un progrès dans le développement du talent d'un homme. Il n'y a qu'une chose de M. Alfred que nous aimerions

sincèrement mieux que son Charles-Quint, et son Arrestation
sous Louis XIII, c'est la première esquisse du tableau de *la du-
chesse d'Orléans annonçant la victoire d'Hastenbeck*, composition singulièrement remarquable, qui nous promettait un beau
tableau, et que des susceptibilités de cour sont venues altérer
complétement. M. Alfred avait fait une œuvre d'art; l'étiquette
l'a obligé à faire une œuvre de courtisan, et à la place d'une
scène pleine de mouvement et de vie, ne nous a donné que le dos
de deux ou trois grands seigneurs. C'est une chose toujours dé-
sastreuse dans les ouvrages d'art que l'influence d'idées complétement étrangères à l'art et à l'intelligence même de l'artiste;
les exemples en sont malheureusement bien fréquens.

Ce qu'il y a de trop dans le tableau de M. Alfred, se trouve
presque en moins dans celui de M. Tony. La couleur du premier est brillantée, quelquefois juste, souvent exagérée; la couleur du second est grise et monotone, mais *la Mort de Dugues-
clin* est une scène empreinte d'un sentiment fin et pénétrant;
les têtes du tableau de Charles Quint sont trop accusées, trop
techniques; celles du groupe des vieux chevaliers, de Dugues-
clin, quoique bien exécutées, sont d'un caractère un peu vague
et indécis. Mais les jeunes religieuses agenouillées au pied du lit
sont d'une suavité et d'un sentiment très-remarquables; la douleur des jeunes guerriers est simple, vraie, et heureusement
exprimée. Le sujet est rendu sans efforts; il n'est pas saisissant,
mais il se rend maître de l'attention, et gagne à être considéré
quelque temps; il est fâcheux que la figure principale et le ton
plâtré des draperies du lit soient moins réussis que le reste.

M. Tony n'a pas exposé d'aquarelles cette année, et c'est un
reproche à lui adresser. Leur place était marquée au milieu des
plus belles du Salon; et il y en a d'admirables. M. Alfred a fait

dans ce genre deux jolies têtes de jeunes filles auprès de Bayard malade. La Famille de Cromwell implorant le protecteur contre l'arrêt de mort de Charles Stuart ; aquarelle dans laquelle l'artiste semble avoir voulu lutter d'énergie avec la couleur à l'huile ; et enfin la Maréchale d'Ancre ; composition où règnent une expression de terreur et des mouvemens habilement rendus.

Les frères Johannot n'appartiennent à aucune école ; ils conservent peut-être seulement quelques réminiscences de l'art anglais ; mais plutôt comme influence de leurs premières études, que comme volonté de faire de l'imitation ; ils ont tous deux un talent consciencieux, une intelligence laborieuse : aimés du public, ils sont peut-être du très-petit nombre des artistes auprès desquels se formera son jugement ; car en comparant leurs ouvrages avec tous ceux qui partagent également son admiration, il peut apprendre où se trouve la vérité, le talent, l'art enfin, et où l'on ne lui montre que des formes, des apparences ou des mensonges.

Bonington est mort tourmenté du regret de n'avoir pu faire un grand tableau ; Bonington avait tort ; et plus d'un peintre, après avoir passé sa vie sur les échafaudages de vastes plafonds à couvrir de grandes toiles, devrait regretter en mourant de n'avoir pas fait un seul petit tableau comme les siens. Plusieurs jeunes gens arrivés à une réputation méritée par un talent soutenu et développé sur des tableaux de chevalet sacrifient à l'ambition de se faire *peintres d'histoire*, comme on dit à l'école ; ont-ils tort ou raison ? les œuvres répondront ; les résultats qu'ils obtiendront prouveront plus que les doctrines, les hypothèses et les conseils. D'ailleurs ils ont raison d'essayer, puisqu'ils se sentent la force et la volonté ; car sans tentatives point de découvertes, sans essais point de progrès.

Après avoir montré depuis plusieurs années, déjà, un talent toujours varié, toujours remarquable, lors même qu'il s'écartait de la vérité, M. Roqueplan, las de l'illustration qu'il s'est acquise dans des marines, des scènes d'intérieur, des tableaux de paysage, a fait cette année une incursion dans le domaine de l'histoire moderne, en retraçant un épisode emprunté aux chroniques de Charles IX; après avoir essayé deux fois ses forces dans des tableaux de figures demi-nature, *le Mendiant de l'Antiquaire*, dont le succès avait promis au public mieux que le tableau de *l'Espion*, exposé quelque temps après, M. Roqueplan aborde aujourd'hui les figures grandes comme nature dans sa *Scène de la Saint-Barthélemy*.

« Diane de Turgis, après avoir vainement supplié Mergy son
» amant de se convertir au catholicisme, s'oppose à ce qu'il sorte
» pour aller au secours de ses frères huguenots, dont le massacre
» a commencé. »

On retrouve dans ce tableau toute l'habileté de pinceau dont l'auteur nous a déjà donné tant de preuves; mais le mouvement des figures a l'air gêné par les impérieuses limites du cadre; elles sont trop resserrées, et si elles manquent d'action, on dirait que c'est faute d'espace autour d'elles pour se mouvoir; le jeune homme surtout est privé de l'énergie que lui attribue la chronique. Retenu par une jambe raide et mal dessinée, il ne marche pas et ne paraît même pas avoir la volonté de franchir l'obstacle que lui oppose sa maîtresse, dont il lui serait difficile de repousser le corps, à la manière faible et molle dont il saisit son bras; il est droit et immobile, et semble plutôt frappé de la vue de la tapisserie qu'il a devant lui que du bruit et des cris qui l'appellent dans la rue; aussi avons-nous entendu supposer par plusieurs personnes que c'était un amant jaloux hésitant à soulever

une tenture qui lui cache un rival ; supprimez la scène de la
croisée , et l'explication dont nous parlons sera littérale. La pose
de la femme est plus belle et plus énergique ; le mouvement,
malgré des difficultés de raccourci, se comprend bien ; sa robe
est d'une exécution remarquable, et les plis heureusement ajus-
tés. M. Roqueplan n'a pas fait une œuvre complète , il s'en faut,
mais il montre certainement qu'il a tous les moyens de faire
mieux ; et si, comme on le dit, le gouvernement lui a commandé
un tableau de figures dans les mêmes proportions, nous l'atten-
dons avec la confiance qu'il nous prouvera que celui-ci n'est
qu'un coup d'essai.

Jusque-là nous suivrons le public, dont nous partageons cette
fois l'opinion et la préférence pour un petit tableau du même artiste représentant un Vieil Amateur de curiosités. L'effet, la lumière et la couleur, qui règnent dans les détails et les figures de
cette petite toile , composent un ensemble ravissant ; les meubles,
les objets de curiosité sont touchés avec une finesse et une vérité singulières, les enfans sont pleins de grace et de naïveté ; si
les détails avaient pu être rendus avec un peu plus de précision,
sans rien perdre du sentiment spirituel avec lequel ils sont indiqués, sans que l'harmonie lumineuse et colorée de la scène en
fût altérée , ce tableau ne le céderait peut-être à aucun de ceux
que nous admirons le plus dans la galerie des Flamands.

Toujours adroit, toujours se jouant avec les secrets de la palette, nous retrouvons M. Roqueplan dans sa *Vue prise à Passy-
sur-Eure*, mais cette fois avec bien moins de vérité ; usant et abu-
sant d'une couleur de convention à laquelle il prête pourtant un
charme qui éblouit le public, surtout dans son *Soleil d'Italie*, et
son aquerelle d'une *Vue prise dans les Vosges*, où règne une ma-
gie de lumière et d'effet qui ferait presque oublier la fausseté
du ton du paysage.

Nous avançons vite de nos jours dans le développement des idées et des études, autrefois si lentes et si graduées. La chevalerie et le moyen âge détrônaient, il y a quelques années, l'histoire grecque et romaine, et déjà nous voici arrivés à l'époque de la ligue ; Luther succède à Léon X ; voici les Huguenots, la lutte du protestantisme et du catholicisme, c'est l'histoire du jour , le thème à étudier et à traduire.

Dans *une Procession de la Ligue*, M. Robert Fleury a déployé l'exécution consciencieuse , l'étude laborieuse dont il avait déjà fait preuve ; mais l'inspiration de l'artiste, la vigueur d'expression, le mouvement des figures se sont évanouis sous le poid du travail pénible et opiniâtre qu'il a employé pour rendre ce qu'il avait sous les yeux. La composition est recherchée et arrangée avec un soin qui approche de l'affectation ; les poses sont trop exactes, l'on y voit trop le modèle dont l'auteur s'est servi ; tout est sans doute d'après nature , car tout est posé, tous les mouvemens ont un caractère de raideur et d'immobilité qui glace le spectateur ; les groupes du peuple affamé se traînant dans la rue présentent le même caractère d'arrangement, de classement difficile ; la composition est péniblement ordonnancée, comme l'exécution des têtes et des vêtemens est péniblement rendue ; peut-être est-ce par trop de travail, de fatigue et d'ambition d'atteindre le but, que M. Fleury l'a manqué ; mais il vaut mieux se tromper ainsi que réussir par hasard , sans conviction et sans peine, et l'Assassinat de Coligny, du même artiste, que nous nous rappelons avoir vu au Luxembourg, serait une garantie que M. Fleury ne manque ni d'imagination ni de chaleur, quand même nous ne verrions pas cette année au Salon son petit tableau des *Enfans gardant du gibier* , où la finesse des têtes se trouve alliée à une touche ferme et pittoresque.

Il n'y a pas de sujet si simple, pas de fait si indifférent qui ne puisse acquérir un intérêt infini par la manière dont il est traité, et c'est alors que l'art a le plus de puissance par la vérité et l'exactitude de son application. Aussi voyons-nous plusieurs de nos premiers artistes négliger, involontairement peut-être, le choix des motifs qu'ils traduisent par la couleur. C'est qu'en effet à leurs yeux l'art n'est pas dans un triage plus ou moins heureux des scènes historiques ou romanesques, mais dans une étude profonde et sévère des moyens de rendre les formes variées de la nature, et les effets par lesquels se trahissent les impressions morales ; c'est en ce sens que la peinture est surtout un art d'imitation ; car non-seulement elle imite les formes physiques, mais encore elle traduit les affections morales, en imitant les modifications que ces affections apportent dans l'état des corps.

Quelques-uns de nos artistes s'appliquent bien aussi à choisir des sujets qui prêtent au développement de toutes les ressources de l'art ; mais soit que l'intelligence ne puisse suffire à la double préoccupation de la conception d'une scène compliquée et de l'exécution de toutes les parties de l'ouvrage, il arrive à tous, dans une proportion différente, ce que nous avons signalé dans les œuvres de M. Delaroche, c'est-à-dire qu'en dernier résultat ils intéressent bien plutôt par le sujet qu'ils s'appliquent à présenter d'une manière vive et saisissante, que par l'exécution des véritables difficultés de l'art.

M. Delaroche, MM. Johannot, M. Roqueplan, M. Robert Fleury, portent dans le travail de leurs tableaux une attention et une étude consciencieuses. Après eux nous signalerons encore *la Mort de Jean Goujon,* par M. Debacq, tableau simplement et sagement exécuté ; *la Jeanne d'Arc* de M. Saint-Evre, malgré les

Telle n'est pas la marche des intelligences supérieures. Vives ,
passionnées, impressionnables , elles sont inégales comme les faits
et les caractères dont elles sont affectées ; c'est parce que leurs
efforts portent très-haut qu'elles doivent éprouver le besoin du
repos ; les plus grands génies ont payé ce tribut à la faiblesse de
notre nature, et il n'y a jamais eu de force humaine qui n'y ait
été pliée. C'est le repos de l'athlète ; c'est le sommeil d'Homère.

M. Delacroix, dès son début, a frappé au cœur tous les systè-
mes successivement développés et appauvris dans l'école ; il a été
plus loin dans une route nouvelle que ses contemporains n'a-
vançaient dans les sentiers battus ; il a été l'éclaireur de la foule
des jeunes gens qui se sont hasardés à suivre ses traces ; on aurait
pu croire un moment que ce hardi novateur allait vraiment fon-
der une école, et qu'entouré du cortége de ses prosélytes, il allait
prêcher à tous la réforme de l'art académique. On s'était trompé ; on a vu bientôt ceux qui avaient été les premiers à le suivre,
à avancer sous l'ombre de ses ailes , en le saluant de leurs applaudissemens, se détacher de lui, et , effrayés de la clameur
des professeurs, des routiniers et du public, traiter avec les premiers à l'aide d'un peu d'intrigue , avec le dernier par des concessions, aux exigences de son goût fade, abâtardi et perdu d'i-
gnorance ; puis abandonner M. Delacroix après s'être appuyés
sur lui, et le laisser enfin tel que nous le retrouvons aujourd'hui,
et tel que nous aimons à le retrouver ; seul avec son génie, isolé
au milieu des coteries , luttant constamment avec la seule énergie de son talent contre ses adversaires , dont le nombre s'est
encore accru des déserteurs de son drapeau, portant dans la
continuation de son œuvre la même conviction, le même amour
de son art, dont les accens ont quelque chose de passionné dans
son admirable tableau des *Femmes d'Alger*. Que l'on dise que
ce n'est pas un sujet ; qu'il n'y a ni intérêt ni drame, nous ré

pondrons qu'il y a quelque chose de mieux que tout cela sous le rapport de l'art, c'est qu'il y a de la peinture, c'est qu'il y a une peinture brillante, ferme, d'une lumière éblouissante; et qui fait que presque tous les tableaux d'histoire et de sainteté qui l'environnent ressemblent à des paravens. C'est qu'en un mot et avant tout, c'est de la peinture, de la peinture comme en faisait le Véronèse, sans cependant qu'elle lui ressemble; c'est qu'en outre le caractère moral du tableau ne le cède en rien à l'exécution; il y a dans la pose de ces Africaines un sentiment d'indolence, dans leur tête une expression d'inoccupation et d'insouciance qui valent bien des scènes dramatiques; il y a des parties de dessin qui, pour n'être ni boursoufflées, ni torturées, n'en sont pas moins vraies ni moins admirables; il y a aussi, et à côté de cette supériorité de dessin, des incorrections singulières; mais nous demanderons au public pourquoi il emploie deux poids et deux mesures; pourquoi l'on répète à l'envi les reproches que la critique peut adresser à la figure de la négresse de M. Delacroix, et pourquoi il ne se trouve pas une voix pour signaler les défauts de dessin passablement saillans du bourreau de Jane Gray? Le public a-t-il donc par hasard les yeux troublés par les larmes que lui arrache cette scène que l'on croirait empruntée à M. Casimir Delavigne?

Assez d'autres se sont appliqués à analyser les imperfections du tableau de la *Bataille de Nancy !* pour nous éviter de les répéter en détail, l'un lui a reproché de n'avoir pas mis assez de neige, de n'avoir pas surtout indiqué cette affreuse tempête d'hiver qui causa en partie le désastre de la journée; un autre a fait un reproche à l'artiste de n'avoir pas donné un démenti à l'histoire, en supprimant tout-à-fait la neige, dont la présence nuit à l'effet et à l'harmonie du tableau. M. Delacroix, comme on voit, n'est pas un homme à qui on fasse bon marché de ses

erreurs, et ce serait une terrible tâche pour lui que celle de se
corriger de toutes les fautes qu'on lui reproche, sans compter
celles qu'on lui prête. Heureusement pour lui et pour nous il ne
l'entreprendra pas.

Il est bien vrai que la bataille de Nancy n'a pas assez de mouvement, qu'elle manque de masses et de grandes lignes ; mais la
figure du duc de Bourgogne est d'une énergie et d'une vérité qui
frappe les yeux les moins exercés ; mais le soldat qui se traîne
sur les genoux, le jeune homme renversé sur le dos, et le che-
valier qui s'éloigne en portant la main sur une blessure qu'il a
reçue au côté, sont des morceaux complets, tels qu'il ne s'en
trouve que dans les ouvrages des maîtres ; mais il règne sur toutes les figures une harmonie de couleur brillante et chaleureuse
à laquelle on reconnaît la palette du peintre du Massacre de
Chio et de la Barricade de Juillet.

Dans son *Portrait de Rabelais*, M. Delacroix est aussi savant,
aussi vrai, aussi ferme que jamais ; la tête est une de ces belles
productions dont le temps consacrera la célébrité. L'auteur y a
peut-être épuisé ce que l'art peut offrir de plus correct, de plus
brillant, de plus fin et de plus spirituel ; malheureusement il est
invisible depuis qu'on l'a ôté du milieu des portraits de M. Dubufe pour le placer en face, à contre-jour. Mieux valait le voir
en mauvaise compagnie que ne plus le voir du tout.

Le sentiment de M. Delacroix est si vif, si puissant, si univer-
sel, que partout où il porte son pinceau il exprime, il invente
quelque chose que l'on ne connaissait pas ; nous en citerons pour
preuve son Intérieur d'un Couvent ; la dégradation du ton et de
la lumière vers le fond de la salle, la justesse et l'harmonie de
la couleur qui règne sur toutes les parties du tableau ; la manière

large et facile avec laquelle se meuvent les personnages; le caractère grave et triste de toute la scène font de cette toile un des
ouvrages les plus beaux du Salon. Dans son Couvent, M. Delacroix s'est élevé très-haut dans la pratique de l'art comme imitation, et dans la tête du Rabelais comme pensée et comme sentiment; arrivé à cette hauteur, il s'est reposé peut-être en faisant
les figures du premier et les jambes du second

Outre son petit tableau d'*une Rue à Mekinez*, qui se distingue
par un caractère simple et original, nous devions avoir *un Ri-
chard à la table du Moine*, sujet tiré d'Ivanhoé et traité avec une
verve et une finesse remarquables, et une *Rencontre de cavaliers
Maures*, où le mouvement est d'une énergie, le style d'une élévation que le public appréciera lui-même dans le dessin que
M. Delacroix a bien voulu nous faire d'après son tableau. Nous
l'avons dit, le jury n'a pas voulu admettre ces deux derniers
ouvrages; nous le remercions toutefois de n'avoir pas refusé le
tableau des Femmes d'Alger, car il pouvait même le faire.

M. Delacroix est un peintre passionné, et il y a cette différence
entre lui et un homme préoccupé d'études savantes et d'une
exécution correcte que ce dernier est toujours maître de la pensée qu'il veut exprimer, tandis que M. Delacroix paraît être
dominé par le motif qu'il traite et que le sentiment moral, l'aspect général de son tableau effacent dans son imagination les détails qui passent pour ainsi dire inaperçus sous son pinceau, sans
captiver exclusivement son attention. De là ces incorrections
que saisissent si facilement les esprits bornés, pour qui l'œuvre
d'un homme de talent n'est qu'une ressemblance vulgaire ou un
trait d'esprit. Nous avons déjà parlé du tableau des Femmes d'Alger; le public, en général, n'y a trouvé qu'une scène sans émotion, qu'un tableau sans notice; mais il n'y a pas vu la couleur

brillante et vigoureuse, la lumière répandue sur l'ensemble et qui donne une valeur si remarquable à des demi-teintes d'une finesse et d'une vérité inconnues jusqu'ici dans la peinture moderne; il n'y a pas vu le caractère de beauté des têtes qui expriment toute la fadeur et l'inaction de ces intelligences ignorantes du Levant; il n'a pas vu la nonchalance des poses de ces femmes sédentaires engraissées pour le plaisir, ni l'expression de ces mœurs indolentes, calmes et énervées que les émotions de notre société ne viennent jamais interrompre; c'est pourtant dans cette peinture morale d'un caractère de l'humanité que réside la grande difficulté de l'art; car ici est la vérité et non pas dans un tableau qui ressemble à un coup de théâtre sur lequel le rideau va se baisser, ni dans une confusion de muscles boursoufflés et tendus, se heurtant pêle-mêle et présentant une véritable énigme aux yeux du spectateur qui veut chercher à les classer par personnages.

Il y a un grand nombre d'hommes de talent parmi les artistes qui ont exposé au Salon cette année; il y en a même deux qui n'ont pu y envoyer aucun ouvrage et dont nous nous plaisons à rappeler ici les noms au public; c'est M. Robert qui n'a pu terminer le tableau qu'il destinait au Louvre, et M. Sigalon, occupé à exécuter à Rome une copie *du Jugement dernier*, de Michel-Ange. Nous ne voulons pas établir de supériorité nominale, nous ne prétendons pas imposer notre goût ni proclamer la suprématie des uns aux dépens des autres; mais nous résumerons notre opinion en disant qu'au milieu de ces talens, auxquels nous rendons justice, M. Delacroix apparaît comme un *peintre* doué d'un sens intime et puissant qui le rend toujours coloriste, et d'une faculté d'étude et d'observation qui le fait aussi habile dessinateur, lorsqu'il fixe son attention sur cette partie de l'exécution, comme il l'a prouvé dans les Cadavres et les deux Jeunes gens de la Barricade, dans le Jésus au jardin des Olives, dans quel-

ques-unes de ses figures du Sardanapale , et enfin dans les Trois
Femmes d'Alger.

. S'il existe une disposition naturelle qui porte l'homme à exercer spécialement ses facultés dans une carrière particulière, si
l'on naît, en un mot, avec le génie de son art , M. Delacroix est
né peintre. Il a donné à la peinture une direction nouvelle et
brillante , direction que plusieurs jeunes talens suivent avec ardeur et conviction , malgré les dégoûts dont se plaisent à les
abreuver les protecteurs de nos arts ; et les gardiens des portes
du Louvre ; ces derniers ont fait partager à M. Clément Boulanger et à M. Riezener les honneurs d'une exclusion qui frappait
M. Delacroix. M. Clément Boulanger n'a peut-être dû qu'au
sujet qu'il représentait la place accordée à son tableau *du Bap-
téme de Louis XIII*, cela nous étonnerait peu ; les membres du
jury pourraient bien être plus sensibles à l'inconvenance de refuser l'entrée du Musée à l'image d'un roi qu'au mérite d'une
peinture incontestablement remarquable. Ils ont donc admis le
Baptême de Louis XIII, dans lequel nous signalerons au public
tout le groupe placé au-dessus du portique et qui entoure l'enfant, ainsi que celui qui occupe la droite du prince sur le côté
du palais ; il y a une grande richesse de ton et une grande vérité
dans la demi-teinte sous laquelle se présentent les figures ; celles
du premier plan n'ont peut-être pas assez de fermeté et laissent
trop d'empire à la scène qui se passe au-dessus du portail. M. C.
Boulanger avait trois autres tableaux que le jury a repoussés
par une décision dont il est difficile de se rendre compte ; l'un
représentait *Paul Véronèse corrigeant ses élèves*, et, en conscience
nous nous sommes demandés, en le voyant, si ce n'était pas par
hasard quelque haine personnelle qui cachait ces ouvrages aux
regards du public ; car le tableau lui-même n'offre pas le moin-
dre prétexte à un semblable arrêt ; le second est un portrait

dont la vue produirait la même impression, si l'on ne réfléchissait que l'académie applaudit aux œuvres de M. Dubufe, ce qui en un sens peut expliquer la proscription des bons tableaux. Nous n'avons pas vu le troisième ; mais puisque le jury l'a jugé comme les deux précédens, nous nous en rapporterons à son opinion, et si nous n'ajoutons rien, c'est qu'en vérité les termes manquent pour qualifier de tels actes de partialité, que le public ne peut malheureusement pas apprécier, car il n'a pu comme nous comparer les œuvres et le jugement.

M. Louis Boulanger n'a presque exposé que des aquarelles ; mais il en a deux qui nous ont paru les plus remarquables de l'exposition. Sous le pinceau de cet artiste, l'aquarelle qui n'avait été jusqu'ici, à peu d'exceptions près, qu'un jeu coquet de boudoir, un ornement d'album, l'aquarelle a pris un caractère d'énergie et de fermeté qui met les dessins de M. L. Boulanger au rang des peintures à l'huile les plus estimées. Dans *la Vengeance*, l'artiste a développé une scène remplie de force et d'émotion ; il est difficile de déployer dans l'art plus de poésie et de pathétique que l'on n'en trouve dans ce simple dessin ; mais il y a peut-être quelque chose de plus étonnant encore dans la scène du *Roi Léar*, où la puissance d'expression et de sentiment a quelque chose d'athlétique, si l'on pense combien sont faibles les moyens qu'offre la palette de l'aquarelle. Ces moyens déjà si incomplets s'altèrent encore avec le temps qui enlève rapidement aux dessins tout l'éclat de leur couleur et la solidité de leurs tons ; ce doit être un motif sans doute pour M. L. Boulanger, de reprendre la peinture à l'huile dans laquelle il a déjà fait ses preuves, et qui, en même temps qu'elle lui fournira plus de ressources, donnera à ses ouvrages plus de durée.

Nous avons dit que M. Riezener avait partagé avec M. Delacroix l'ostracisme prononcé par le jury ; M. Riezener n'a pu faire admettre qu'une étude de *Jeune Paysanne*, pleine de vérité, d'une couleur riche et peut-être trop brillante. Le jury a repoussé du même artiste *une Madeleine*, incontestablement supérieure au tableau qui a été reçu, et dont nous ne parlerons pas ici, puisque M. Riezener se propose d'y travailler encore et de la soumettre de nouveau pour le prochain Salon aux juges qui l'ont condamnée une première fois.

M. Schnetz a été moins heureux cette année dans l'application qu'il a faite à son tableau des Journées de Juillet, des tons francs et un peu crus qui lui avaient réussi quelquefois, lorsqu'il peignait les costumes brillans des peuples d'Italie sous un ciel étincelant et au milieu d'une lumière que nous trouvons rarement sous notre ciel nuageux ; d'ailleurs *la Barricade* de M. Delacroix est trop présente au souvenir du public pour que la comparaison ne se présente pas rapidement à l'esprit de chacun, et ne vienne pas rendre plus saillans les défauts du tableau de M. Schnetz, défauts déjà signalés depuis long-temps dans son plafonds qui, malheureusement ne vaut pas beaucoup mieux que toute la collection complétée par M. Ingres et M. Cogniet. Ces deux derniers méritent cependant d'être séparés de tous leurs voisins ; le premier est sans contredit le plus bel ouvrage de son auteur, et le second fera honneur à M. Cogniet, lorsqu'on pourra le voir, c'est-à-dire lorsque la raison et le bon sens auront convaincus les directeurs des travaux publics de l'inconvenance de pareils sujets en plafonds, de l'impossibilité de les bien juger et peut-être même de les regarder, du fâcheux effet, dans une pareille place, de scènes qui ont la terre pour base, et qui ont l'air de menacer le spectateur de leur chute ; en un mot, de la nécessité d'enlever ces tableaux pour les mettre chacun à la place qui leur convient ; l'Homère de M. Ingres, le Puget de M. Déveria, et le

Bonaparte de M. Cogniet, dans l'une de nos galeries, et le reste
où l'on voudra. Les anciens, à qui nous avons emprunté le goût
de charger nos plafonds de peintures, ne sont jamais tombés dans
cet absurde contre-sens de peindre la terre au-dessus de leurs
têtes ; leurs plafonds étaient couverts d'ornemens, ou s'ils y re-
présentaient un sujet, c'était toujours une scène dans le ciel, et
où les figures s'élevaient au milieu de l'air ou posaient sur des
nuages. —

M. Langlois, dans sa *Bataille de Sidi-Feruch*, a donné une édi-
tion nouvelle des tableaux du même genre qu'a vu naître et
mourir le règne de Napoléon ; mais dans sa *Géorgienne*, M. Langlois s'attache aux traces d'une toute autre école et peut fournir
encore un nouvel exemple au public de l'immense distance qui
sépare l'œuvre du maître de la copie de l'imitateur. Cette Géorgienne est encore une femme d'Alger, comme celles de M. Delacroix ; nous recommandons au public la comparaison. M. Delacroix
n'a pas toujours été heureux dans les disciples qui se sont voués
à ses doctrines ; M. Léon Cuny, dans une *Sérénade*, où les fautes
de dessin ne sont pas assez rachetées par le mérite de la couleur ;
M. Keller, qui, dans son *Coligny*, ne manque ni d'énergie ni de
sentiment ; M. Mouchy, dont le tableau représentant *la Mort de
Thomas Becket*, renferme quelques têtes remarquables ; M. Diaz,
dans *les Mauvais Garçons*, dont le dessin, la couleur et l'exécution sont trop négligées, ces messieurs ne savent pas assez par
quelles études, par quels opiniâtres et longs travaux a passé le
génie de M. Delacroix avant d'arriver à cette exécution si large,
si fougueuse, si facile en apparence, mais qui n'est réellement
qu'une conquête faite péniblement dans le domaine de l'art par
la haute et laborieuse intelligence de l'artiste.

Si plusieurs jeunes gens se laissent ainsi tromper aux apparen-

9

ces d'une exécution facile et brillante, et prennent quelquefois la négligence pour la simplicité, la folie pour l'inspiration, il en est d'autres qui paraissent comprendre que l'art ne se produit pas tout seul, sans études et sans peine, qui travaillent avec constance et poursuivent avec ténacité la tâche qu'ils se sont imposée, sans se contenter d'aperçus plus ou moins heureux, d'indications plus ou moins justes des pensées ou des effets qu'ils ont voulu rendre.

M. Gigoux, déjà remarqué dans les dernières expositions, et déjà connu du public par des portraits et des lithographies qui avaient rapidement tiré son nom de l'obscurité, nous a donné cette année des ouvrages plus importans et plus variés que ceux qu'il avait publiés jusqu'à ce jour. Dans son tableau de *la Bonne Aventure*, il a, comme M. Roqueplan, essayé ses forces dans des figures de grande proportion, et s'il nous paraît, comme M. Roqueplan, n'avoir pas du premier coup atteint le premier rang, du moins est-il vrai qu'il a aussi laissé loin derrière lui un grand nombre de praticiens possesseurs exclusifs du privilége des grandes scènes et des grandes figures. M. Gigoux a un sentiment de couleur fin et brillant; ses tableaux sont d'une harmonie qui ne manque pas de richesse, mais les ombres sont molles, les demi-teintes sans fermeté, le modèle d'une indécision déjà sensible dans ses petits tableaux, mais qui le devient encore bien davantage dans ses grandes toiles. Dans la *Bonne Aventure* par exemple, les bras de la jeune fille ne tournent pas, mais la robe est peinte largement et les plis bien indiqués; la figure du jeune homme est la plus ferme et par conséquent la meilleure du tableau; elle rachète celle du vieillard, la plus vague et la moins heureuse de toutes. Si le grand tableau de M. Gigoux n'a pas produit tout l'effet que l'artiste pouvait en attendre, il doit peut-être l'attribuer un peu au sujet qui a été déjà traité bien souvent

et qui n'est d'ailleurs pas présenté d'une manière assez originale;
dans *le Billet doux*, motif encore bien connu, M. Gigoux a su
répandre une grace nouvelle, et la suavité du ton, la coquetterie
de la composition, concourent cette fois à faire de cette scène
un joli tableau malgré quelques incorrections; mais c'est dans
son *Comte de Cominges* que M. Gigoux a prodigué le sentiment
le plus fin, la touche la plus spirituelle, que nous lui connais-
sions; ce petit ouvrage, qui a constamment été mal placé pendant la durée du Salon, est une des plus heureuses inspirations
de l'artiste; le portrait de M. G. L. révèle dans M. Gigoux des
qualités d'un ordre supérieur, un talent plus grave et une exécution plus habile, quoique la valeur générale du ton et du modelé ait encore quelque chose de l'indécision que nous signalions
tout-à-l'heure dans son grand tableau.

Moins brillant, moins riche, moins harmonieux, mais plus
ferme, plus énergique et plus savant, M. Brune, dans sa *Tentation de Saint-Antoine*, s'est placé cette année dès son début à
un rang très-élevé au milieu de nos artistes. Avec un sujet connu et épuisé, il a su composer une scène originale, pleine d'expression et de sentiment. La tête du saint est un de ces caractères
d'inspiration religieuse, d'exaltation morale que l'artiste ne peut
trouver que dans son imagination, et dont la réussite est peut-
être l'une des grandes difficultés de l'art; les deux têtes de l'in-
tempérance et de la luxure sont encore des personnifications que
l'on ne peut chercher à étudier dans la figure d'un modèle qui
pose dans une inaction aussi morale qu'elle est physique; le nè-
gre complète heureusement toute cette partie de la composition,
dans laquelle nous regrettons que les deux têtes de femme ne
soient pas d'un caractère aussi expressif et aussi pur; la figure
de la Volupté, surtout, nous a paru d'un dessin un peu matériel
et d'un modelé un peu lourd; elle n'a pas tout le sentiment de

séduction que pouvait lui prêter l'intelligence de l'artiste. Mais le tableau de M. Brune n'est pas moins un début éclatant auquel le public a pu témoigner trop d'indifférence, mais dans lequel les artistes ont su reconnaître un talent fortifié d'études savantes et riche d'avenir.

M. Bigand, sous le modeste titre d'*Étude de Vieillard*, a exposé deux figures dont la plus jeune ne le cède pas peut-être pour l'exécution à celle qu'il a prise pour titre. M. Ronjon, dont nous voyons aussi le nom pour la première fois, a traité deux figures d'un grand caractère dans son tableau de *Jacques Clément et le Prieur;* nous recommandons aussi au public *l'Arabe et son jeune Enfant*, de M. Revel, étude vraie et consciencieuse; *le Réfectoire des Frères Chartreux*, de M. Perlet, dont nous sommes surpris de placer ici le nom, en apprenant qu'il est élève de M. Ingres, mais dont le tableau est remarquable par une grande naïveté et une grande simplicité d'exécution.

Nous terminerons en reprochant à M. Debay, dans son tableau de *la Patrie en danger*, qui renferme quelques belles têtes et de beaux mouvemens, d'avoir répandu trop également la lumière sur tous les plans et sur toutes les figures, ce qui prive la scène d'effet et d'unité; à M. Brémond, dans son tableau de l'*Automne*, d'avoir affecté des tons rouges qui rendent lourdes et crues des figures d'ailleurs dessinées d'une manière remarquable, et enfin à M. Monvoisin d'avoir fait abus de l'opposition de figures pâles dans des étoffes noires, pour nous intéresser au malheur de *Jeanne la Folle;* il y a une expression de tristesse qui peut vivement nous émouvoir; mais l'exagération de tous les sentimens nous repousse.

M. Barye.

La sculpture académique, comme la peinture, descend chaque
année d'un degré et perd dans chaque lutte qu'elle veut soutenir au Salon un peu du champ qu'elle occupait seule depuis
trente ans. Un jeune homme est venu apporter dans l'art des
principes si simples, si nouveaux, qu'à peine a-t-il eu le temps
de se faire comprendre, et déjà les déserteurs de la rhétorique
se pressent sur ses traces ; c'est que, dégoûté de la raideur géo-
métrique de la sculpture de l'Institut, il en a appelé de la routine des professeurs à l'imitation de la nature, et l'inspiration
naïve et spirituelle qui caractérise les ouvrages de M. Barye était
trop puissante pour ne pas frapper vivement les yeux de la
foule ; aussi l'impression a-t-elle été universelle, et il a eu le rare
privilége de prêcher la vérité sans que sa parole ait à peine été
contestée.

Telles réminiscences que puisse maintenant produire l'art
scolastique, sa domination est passée pour ne plus revenir. En
vain trouvons-nous encore dans les salles du Louvre les ouvrages
des fidèles disciples de l'école, le procès est désormais jugé par les
artistes et la cause de la vérité sera bientôt gagnée devant l'opinion publique. Nous constaterons seulement ici pour mémoire
la présence des ouvrages d'hommes condamnés à faire ce qu'ils
ont appris dans leur jeunesse, et dont le plus grand tort est peut-
être d'avoir paru au déclin de l'école et de n'en avoir pas prévu
la chute.

Nous inscrivons donc rapidement le *David* de M. Barre, dont
le mouvement est de beaucoup supérieur au dessin ; le *Soldat de*

Marathon de M. Cortot, dont M. Laviron a apprécié la valeur
d'une manière qui ne nous laisse rien à dire ; le *Diogène* de
M. Daumas, dont quelques parties sont bien étudiées ; le *Plaisir
et la Douleur* de M. Desbœufs, dont la plus grande faute est d'a-
voir encore traité une idée métaphysique en plâtre ; la jolie figure de la *Pudeur* de M. Jaley ; le *Mercure* prétentieux et ma-
niéré de M. Rude ; et enfin la composition un peu obscène que
M. Pradier a exécutée en marbre sous le titre du *Satyre et de la
Bacchante*. Il y a sans doute dans la femme un travail remarquable, un sentiment vrai du palpitant des chairs ; mais la pose
est d'un caractère si lascif, si peu noble, et la figure du satyre à
la fois si froide et si repoussante, que l'ensemble du groupe, loin
de présenter un de ces tableaux voluptueux que nous admirons
dans les anciens, nous dégoûterait peut-être plutôt par l'impu-
dicité des lignes et de l'effet.

Toutes ces figures sont déjà si connues du public, habitué à
les retrouver à chaque exposition sous des noms différens ; elles
renferment si peu de qualités que l'on n'ait déjà louées ailleurs
et avec plus de raison, que l'on nous pardonnera de ne pas en-
trer dans une appréciation détaillée du mérite et des défauts de
chacune d'elles.

Nous préférons employer le temps qui nous reste encore à nous
occuper du Salon, à parler d'œuvres nouvelles, d'un art nouveau chez nous et dans notre époque, l'art créé par M. Barye.

L'on a fini par demeurer convaincu en France et dans une partie de l'Europe, que les beautés des œuvres antiques étaient un
type à part dans l'humanité dont la découverte appartenait au
génie des anciens artistes ; on a perdu de vue complétement que

ces grands hommes n'avaient rien créé et que là précisément où leur art nous paraissait si prodigieux et si beau, c'était alors qu'ils en avaient pris le type, cherché la source dans la nature; c'est ce qu'il est facile de constater dans le *Faune antique*, dans la figure du *Rémouleur*, dans la *Vénus de Milo*, dans la *Vénus accroupie*, dans le *Sanglier antique*, dans l'*Orateur Etrusque* figure en bronze découverte depuis peu d'années et supérieure peut-être à tout ce que l'on connaissait des Grecs et des Romains. On a perdu complétement les traditions de cet art sublime, en croyant les suivre exclusivement; et, chose bien remarquable, voici qu'un jeune artiste en remontant droit aux véritables sources de l'art, retrouve une grande partie des admirables qualités que l'on reconnaît dans l'antique. C'était une tâche difficile au milieu des opinions despotiques de notre époque, que cette protestation d'un homme plein d'originalité et de puissance contre toutes les idées dominantes, c'est une grande leçon donnée à tout homme de bonne foi; il faut espérer que les jeunes gens en profiteront et que l'art y gagnera.

Il y a dans l'art l'imitation des formes et la traduction du caractère moral des individus, dont les symptômes se trahissent également sous des formes sensibles. M. Barye a porté à un point inconnu parmi les modernes ce double caractère d'imitation. Dans son groupe d'un *Tigre dévorant une Gazelle*, dans son *Combat d'un Tigre avec un Crocodile*, dans son *Lion terrassant un Cheval*, comme dans ses *Ours* que nous retrouvons cette année aussi heureusement traduits en bronze que nous les avions vus il y a quelques années moulés en plâtre, il y a, outre le mérite d'une correction et d'une exactitude de dessin incontestable, une représentation fine et spirituelle des allures, des habitudes et du caractère de chaque espèce. Force, énergie musculaire, souplesse de mouvemens dans ses animaux féroces, légèreté et viva-

cité dans ses gazelles, et dans son groupe d'*un Cerf et un Lynx*
exposé cette année; toutes les variétés de charpente et d'organisation sont rendues avec le plus rare bonheur; et que l'on ne croie
pas que M. Barye est doué seulement d'une intelligence spéciale
qui lui a révélé le secret de la vie et du mouvement des animaux; son talent est plus admirable encore sous le rapport
dramatique; ses combats d'animaux, sont de petits drames palpi-
tans et remplis d'émotion. Le jour où le gouvernement comprendra enfin que le talent ne se mesure pas à la dimension de l'œuvre, le jour où l'administration sera assez éclairée pour voir qu'il
n'y a rien d'honorable pour elle à se jouer comme on le fait
d'hommes de talens, dont on livre l'existence et le génie à tous
les tripotages de bureaux et d'antichambre, le jour où elle sen-
tira qu'il est de son intérêt de s'appuyer sur tous les talens, si
elle veut obtenir crédit et considération; ce jour-là, M. Barye
et aussi M. Moine, dont le temps a été gaspillé depuis un an dans
les interminables hésitations du ministère, ce jour-là M. Barye
dotera nos édifices de quelques ouvrages dignes de nos belles époques et dignes de l'auteur de *Charles VI dans la forêt du Mans.*
C'est à dessein que nous rappelons ici ce groupe de M. Barye,
exposé au dernier Salon; nous ne croyons pas que l'on ait vu depuis long-temps une composition plus grave, d'une exécution plus
savante, d'un effet plus dramatique, et empreinte d'un sentiment
de terreur plus profonde que cette figure du roi effrayé de l'aver-
tissement fatal que lui donne le misérable mendiant renversé sous
le pieds de son cheval. Les artistes comme M. Barye ont trop
de puissance dans leur talent, sous quelque forme qu'il se révèle,
pour qu'il appartienne à personne de limiter la portée de leurs
travaux, et nous croyons que c'est un grand tort au public de paraître ne considérer M. Barye que comme un habile sculpteur
d'animaux; d'abord parce que cela n'est pas, ensuite parce que,
cela fût-il vrai, le Sanglier antique est un des chefs-d'œuvre

que nous ont laissés les anciens, et cependant ce n'est qu'un sanglier.

A peine il y a trois ans que les ouvrages de M. Barye se sont classés au premier rang dans l'opinion, et déjà les imitateurs viennent se grouper autour de lui, glaner derrière ses riches moissons, et traduire en langue vulgaire ses œuvres les plus simples et les plus énergiques. Entre M. Beaurepaire dont *la Gazelle* et *la Jument* en bronze manquent de finesse; M. Berré, qui de peintre estimable s'est fait sculpteur fort ordinaire; M. Despagne, dont *le Cavalier combattant un lion* a été placé au milieu même des groupes de M. Barye, ce qui pourrait paraître une assez vive épigramme contre M. Despagne si son groupe n'était encore une plus singulière plaisanterie; M. Fratin qui, depuis long-temps dit-on, s'occupait déjà d'études d'animaux, mais dont les petits groupes manquent de mouvement, et dont *le Cheval sauvage attaqué par un tigre* n'est juste ni de mouvement ni de dessin; entre les ouvrages de tous ces artistes et les groupes de M. Barye, il y a une distance qu'il faut espérer de voir un jour comprise par le public, mais qu'il mesure si peu aujourd'hui que nombre de personnes demandent volontiers quels sont entre tous les ouvrages qu'elles doivent admirer. Cette expérience s'acquiert pourtant à peu de frais; il suffit peut-être d'exercer ses yeux, de fixer un moment son attention sur les objets, et de se rappeler, devant l'ouvrage d'art, l'original que l'auteur a pris dans la nature; car la sculpture emploie bien moins de procédés, ses ressources sont bien moins compliquées que celles de la peinture, et les impressions qu'elle produit doivent être bien plus simples et bien plus promptes sur l'intelligence du spectateur.

L'affectation religieuse, la prétention catholique et apostolique que nous avons reprochée à plusieurs peintres s'est emparée avec peut-être encore plus de raideur de l'esprit des jeunes statuaires. Depuis que mademoiselle Fauveau a envoyé un Bénitier sous la protection d'un ange, figure tout empreinte du sentiment fin et naïf des jolies sculptures du moyen âge, les artistes n'imaginent plus que bénitiers, anges, religion, mystères. Ainsi M. Bion a péniblement employé son talent à composer un groupe d'un pape assisté de deux anges bénissant l'eau contenue dans une coquille sous laquelle se cache une multitude de péchés, composition sans harmonie, sans caractère et sans inspiration, comme celle de M. Duseigneur qui a vainement cherché à agrandir l'impression de son groupe de *l'Archange Michel vainqueur de Satan* en allongeant les dimensions de ses figures; l'archange, fût-il une fois plus élevé et une fois plus long, n'en sera pas moins lourd, et l'impression religieuse que cherchait M. Duseigneur est bien plus puissante dans la miniature de mademoiselle Fauveau que dans les colossales proportions du diable qu'a moulé M. Duseigneur. Le beau est un caractère totalement indépendant du gigantesque; lorsqu'ils se trouvent réunis, l'œuvre est admirable; mais, si elle n'est que gigantesque, elle est déjà presque ridicule. M. Lescorné a eu le double malheur de répéter l'idée que M. Duseigneur répétait après Raphaël, et d'être encore resté inférieur dans l'exécution.

Dans tous ces anges et ces démons, il y a une figure qui incontestablement mérite une attention particulière par le caractère original dont elle est empreinte, par la nouveauté de sa composition et le travail consciencieux avec lequel elle a été rendue, c'est le *Satan* de M. Feuchères, personnification, pleine de verve et de chaleur, du génie du mal aux prises avec son impuissance.

M. Feuchères a en outre exposé le modèle du bas-relief qui lui

a été commandé pour l'arc de l'Étoile et qui représente le *Pont
d'Arcole*. Il y a du mouvement et de la vie dans la composition ;
le caractère des physionomies et les lignes des costumes contemporains y sont peut-être mieux traités que dans ce que l'on connaît en ce genre ; mais il y a des saillies en ronde bosse dont l'effet ne peut être que très-défavorable lorsque la lumière passera
entre les bras et les jambes qui se détachent complétement du
fond, et parsèmera les bas-reliefs d'ombres portées qui feront autant de taches. Il nous semble en outre que les plus grandes
saillies d'une sculpture monumentale de ce genre ne doivent jamais déborder les profils du monument qui la porte, sous peine
d'en altérer les lignes et d'en détruire l'harmonie. Ce défaut est
moins sensible dans le bas-relief de M. Chaponnière représen_
tant la *prise d'Alexandrie d'Égypte*, et destiné au même monument. Si ces deux compositions ne produisent pas une impression aussi grande et aussi profonde que celle qu'on avait peut-
être droit d'espérer de pareils sujets, elles sont exécutées du
moins avec assez de convenance et assez de soin pour que l'on
doive attendre qu'elles soient à la place qui leur est destinée pour
en juger convenablement l'effet.

Le gouvernement a aussi acquis *Ulysse reconnu par son chien*,
sujet bien insignifiant, exécuté en marbre par M. Barre ; le *Soldat
de Marathon*, de M. Cortot, qui n'est pas plus ce soldat que tout
autre figure dont on voudra lui donner le nom ; le buste de *Jean-
Bart*, dans lequel M. Dantan jeune n'est ni si vrai ni si habile
que dans la galerie qu'il a exécutée pour le papetier Susse ; le *Repos*, par M. Desbœufs, dont le motif est un peu banal, mais qui
se distingue par une exécution fine et correcte ; un grand nombre
de bustes, et enfin la *sainte Cécile* que M. David a faite tellement
inclinée de côté qu'il est difficile de se rendre compte de l'intention qu'il a eue en affectant de lui donner ce mouvement d'un

aspect désagréable et qui n'est d'ailleurs pas racheté par le caractère ni l'exécution de la figure. Nous regrettons bien vivement que le *Jefferson* n'ait pas pu être exposé au Salon ; cette statue, dont nous avons entendu plus d'une fois faire l'éloge, aurait sans doute consolidé la belle réputation de son auteur, réputation à laquelle ses bustes non plus que la sainte Cécile n'ajouteront malheureusement pas un grand éclat.

Les bustes de M. David en particulier sont bien loin, cette année, d'offrir les grandes qualités que l'on avait admirées dans ceux de *Lamartine* et de *Chateaubriand*. L'exécution en est certainement trop sacrifiée à un sentiment vague plutôt que large et grandiose ; il y manque trop de cette perfection de ciseau qui est exagérée dans les bustes de Bartolini de Florence, mais qui donne aux portraits de *Rossini* et de M. *C... G...*, un mouvement et une vérité dont les jeunes sculpteurs français ne tiennent pas assez de compte dans leurs ouvrages, et dont on peut constater l'absence dans les bustes de M. Étex, dont les têtes sont d'une négligence impardonnable à l'auteur du groupe de Caïn. Les sculpteurs de l'Académie ont trop sacrifié la pensée et le sentiment à l'art du praticien ; ils ont trop repoussé l'originalité et l'imagination dans les figures qu'ils nous ont répétées toutes avec les mêmes attitudes et sous un caractère toujours semblable , comme la figure de la *Siesta* de M. Foyatier, répétition de toutes les figures couchées que l'on connaît ; mais dans la réaction opérée contre cette école on affecte sans doute trop de repousser aussi les qualités qui la distinguaient ; ainsi M. Préault, dont il est impossible de juger le talent dans le *fragment* que le jury a seul admis à l'exclusion des autres ouvrages infiniment mieux traités du même auteur, se laisse trop entraîner à l'expression de mouvemens ou de passions dont le sentiment plein d'énergie et sou

vent de vérité, emporte sous ses doigts une exécution incomplète
et dont les incorrections nuisent malheureusement aux parties
louables de ses travaux. Nous regrettons sincèrement que le public ait paru sanctionner l'inique décision d'un jury qui, en
proscrivant les meilleurs ouvrages d'un jeune homme pour n'admettre que son plus faible travail, ne rougit pas d'avouer qu'il a
voulu par là dégoûter l'artiste, et en même temps offrir aux
jeunes gens un épouvantail en leur traduisant à l'exposition ce
qu'il appelle les extravagances de la nouvelle école. Il faut que le
public sache que le bas-relief de M. Préault, avec tous ses défauts
et ses taches, est loin de se classer dans les mauvais ouvrages, et
que tout autre jury que celui qui garde les portes du Louvre
aurait admis au nombre des œuvres incontestablement remarquables le groupe *des Parias* que M. Préault présentera avec
raison au jury prochain et, dont, jusque-là, nous offrons au public
un dessin qui pourra lui faire comprendre une partie de la pensée et du travail du jeune artiste.

Nous terminerons en donnant à M. Maindron tous les éloges
que mérite sa jolie figure d'*un jeune Berger piqué par un Serpent,*
groupe auquel on peut reprocher que le choix du modèle n'ait
pas été d'une nature plus noble et plus heureuse, mais dont la
vérité, le sentiment et l'exécution concourent à former une des
plus belles sculptures du Salon.

M. Decamps.

(Article communiqué à l'éditeur du Musée.)

Monsieur,

Lorsque vous avez, à propos de l'admirable talent de M. Delacroix, examiné sommairement pourquoi le public ne prenait pas au succès des ouvrages de cet artiste tout l'intérêt qu'ils méritent, vous n'avez peut-être pas assez tenu compte des formes très-différentes sous lesquelles l'art peut se présenter aux yeux du monde.

Dans M. Delacroix, par exemple, ces formes sont celles d'une poésie pleine de richesse et d'élévation ; pour jouir de tout le charme de son talent, il faut avoir déjà développé ses propres facultés, exercé ses sens et savoir suivre l'auteur dans les brillantes métamorphoses qu'il fait subir à sa pensée. C'est l'art des grands poètes comme celui des grands peintres ; c'est l'art de Raphaël, du Poussin, de Géricault, génies trop profonds, trop savans pour être compris à la première vue, et que l'on ne connaît qu'après les avoir étudiés, car leur langage n'est pas le langage vulgaire.

Mais l'art, ainsi que vous l'avez dit dans votre introduction, est de tous les pays ; il parle toutes les langues, revêt toutes les formes, et, à côté de ces œuvres qui exaltent l'imagination du

spectateur, la pénètrent d'enthousiasme ou d'émotions profondes,
se trouve un art dont le secret est de frapper vivement et rapidement l'intelligence de l'homme par la fidèle représentation de
faits, d'idées ou de formes qu'il a vues dans la nature, et dont il
aime à reconnaître l'habile et fidèle imitation.

En un mot, c'est l'art des Grecs et des Italiens, brillant d'imagination et de poésie, et l'art des Espagnols et des Flamands puissant d'imitation et de vérité.

Cette distinction suffirait peut-être pour expliquer pourquoi
M. Delacroix est encore méconnu et pourquoi M. Barye s'est
emparé si vite de l'intelligence du public, pourquoi aussi M. Decamps a presque atteint le même résultat.

Avant le Salon de 1831, M. Decamps n'était guère connu du
public que par des lithographies d'un crayon ferme et naïf, par
quelques caricatures politiques d'une verve satirique et d'une
énergie remarquables ; il avait fait très-peu de tableaux, et ses
aquarelles avaient à peine attiré l'attention d'un petit nombre
d'amateurs par une vigueur de pinceau luttant avec la peinture
à l'huile, et par une exécution à la fois large et précieuse.

Lorsqu'en 1831 M. Decamps arriva au Salon avec le tableau
des *Chiens savans*, *l'Hôpital des Galeux* et *la Patrouille turque*,
le public se porta de suite, d'instinct, sans guide, devant le premier. Il reconnaissait une scène qu'il avait rencontrée dans la
rue, et, sans se rendre compte des procédés employés pour atteindre à la vérité, il lui suffisait que la ressemblance fût frappante ;
aussi ce tableau eut-il plus de succès que les deux autres, et,
chose bien remarquable, c'était le plus faible de tous, sous le rapport de l'art. Le groupe des figures, d'un ton vigoureux, détaché

fortement sur un mur blanc, ne constituait pas un effet très-
nouveau et très-original; l'exécution large et facile avait entraîné
l'auteur dans des négligences; mais le public ne s'informait de
rien de tout ceci; pour lui, le tableau était un portrait de famille dont il connaissait l'original, et il suffisait que le portrait
fût ressemblant.

Les bassets n'eurent pas à beaucoup près un succès aussi général; il y avait déjà dans l'exécution large et énergique de ce petit tableau, dans la hardiesse et la fougue de la touche quelque
chose d'étranger aux habitudes du public; on reprochait d'ailleurs à l'artiste d'avoir peint de la même manière le poil lustré
des chiens et les empâtemens des murs. Quant à la patrouille,
l'ouvrage incontestablement le plus sérieux et le plus fort qu'eût
fait M. Decamps jusque-là, les artistes seuls s'en occupèrent; le
public, frappé de la singularité de là scène qu'il ne s'expliquait
pas, de la bizarrerie des costumes dont il ne pouvait constater la
fidélité, s'était rebuté et avait fini par appeler une caricature le
tableau dans lequel M. Decamps cherchait déjà les secrets d'une
palette ferme et lumineuse, dans lequel, laissant déjà à d'autres
les effets obtenus par des masses noires sur des fonds blancs et
réciproquement, il s'étudiait à modeler des objets éclairés sur
des fonds clairs, à faire détacher la lumière sur la lumière même :
il était pourtant encore bien loin du but. Ce tableau, avec beaucoup d'incorrections de dessin, renfermait des parties traitées
lourdement; mais le public ne tenait pas plus compte des défauts
de ce dernier ouvrage que de ceux du premier; l'un lui plaisait,
l'autre ne lui convenait pas, parce qu'il comprenait le premier
et ne comprenait pas le dernier; aussi, pour le public, le début
de M. Decamps date-t-il du tableau des Chiens savans seul, tandis que les artistes ne séparent guère l'une de l'autre ces deux

manières de procéder, dans l'art que M. Decamps abordait en
même temps.

Le Salon de 1833 n'annonça aucun caractère nouveau dans le
talent de M. Decamps, *une Halte de Caravane* près d'une fontaine
présenta seulement sous un autre aspect ces costumes si larges
et si pittoresques du Levant ; le public était déjà moins étonné
de retrouver ces volumineux turbans de Zeibecs qui l'avaient si
fort effarouché dans la patrouille ; il était peut-être moins défa-
vorablement disposé, quoique ce tableau fût bien plus incomplet que le précédent : c'était un ciel étincelant de lumière mais
dont les empâtemens semblaient lutter d'épaisseur avec ceux
des fortifications au bas desquelles on voyait des figures traitées
avec une négligence qu'on n'avait pas encore reprochée à cet artiste. Cependant et malgré ces défauts le public s'initiait insensiblement à l'effet que l'auteur voulait produire, et vous l'avez
vu cette année, tout disposé à comprendre la richesse de palette, la profondeur et la vérité d'observation que M. Decamps a
déployée dans son *Corps de Garde sur la route de Smyrne*. Cette
fois M. Decamps me semble avoir complété l'œuvre dont la patrouille turque n'était qu'une indication et la caravane une
ébauche. Malgré la brillante lumière qui éclaire tout le fond
dans la poussière en opposition avec les reflets d'une finesse singulière répandus sur les premiers plans et les vigoureuses demi-
teintes qui couvrent une partie de la scène, malgré un luxe sur-
prenant de tons variés et éclatans, il règne sur toute la toile une
harmonie calme sur laquelle l'œil se repose sans peine, sans fatigue ; mais cette harmonie est acquise au prix d'un ton local généralement répandu sur la lumière et l'ombre, ton chaud et
vigoureux, mais uniforme et jaunâtre et qui a servi de thème à
plus d'une critique. Mais la vérité et le sentiment des têtes, la
naïveté et la simplicité des poses, la fermeté de la couleur et de

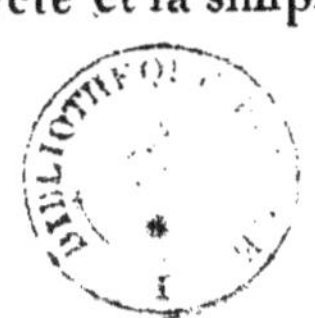

la touche dans les figures qui occupent la droite du tableau rendent plus sensibles certaines mollesses dans les étoffes, quelques lourdeurs et quelques négligences dans le groupe placé devant la jeune fille. Malgré ces inégalités dans l'ensemble, malgré ces incorrections, le *Corps-de-garde* est l'ouvrage le plus complet que M. Decamps ait exposé en public; il a tenu tout ce qu'avait promis jusque-là son talent; il y a porté la richesse et le fini d'exécution à ce point qu'il laisse peut-être entrevoir quelque chose de la peine, de la tension d'esprit et de la fatigue qu'il a pu éprouver en cherchant à perfectionner constamment son œuvre, fatigue qu'il n'a pas tout-à-fait réussi à dissimuler à l'œil du spectateur.

Le même résultat est peut-être encore plus sensible dans le tableau du *Village turc*, dont les murailles sont touchées lourdement et dans lequel on peut reprocher à l'auteur d'avoir appliqué un système d'empâtement trop uniforme sur les ânes et sur les pierres; on saisit bien, en regardant de près, le sentiment fin et spirituel avec lequel M. Decamps a rendu le pelage des ânes, mais, en considérant l'ensemble du tableau, on est étonné de rencontrer une lumière égale sur des objets d'une nature si différente, car l'artiste sait que dans tous les effets de la nature, les êtres animés prennent une valeur de ton et un empire qui les détache vigoureusement de tous les corps inanimés qui les entourent.

Quoi qu'il en soit, M. Decamps a réuni cette année dans ces deux tableaux, les qualités que l'on avait trouvées éparses jusque-là dans tous ses ouvrages; l'on dirait qu'il a voulu résumer ainsi toute une manière de concevoir la peinture, manière dans laquelle on aurait pu croire qu'il devait renfermer tout son talent, si, en même temps qu'il complétait pour ainsi dire un système suivi jusque-là, il ne s'était tout à coup tracé une route nouvelle; dans un ordre d'idées aussi grand, aussi compliqué que celui qu'il avait adopté était simple et restreint, s'il n'avait enfin, dans sa *Défaite des Cimbres par Marius*, pris l'art d'un point de vue nouveau, poétique et élevé, sans cesser de conserver tous ses rapports avec la vérité.

Si ce tableau n'a pas eu un succès égal à celui du *Corps-de-garde*, c'est qu'il a subi le sort de toutes les innovations introduites dans les arts, c'est qu'il était d'une conception trop originale, il sortait trop des formes habituelles sous lesquelles le public jugeait la peinture pour qu'il pût être compris de tous en même temps. Depuis les batailles que les peintres de l'empire résumaient dans un groupe d'état-majors grands comme nature, depuis celles que les artistes de la restauration réduisaient aux proportions d'une épisode séparée, l'on ne s'imaginait plus que l'image d'une bataille dût exprimer cette pensée de deux masses d'hommes se ruant l'une contre l'autre avec toutes les ondulations des chocs, des secousses imprimées réciproquement par les divisions de ces grands corps; M. Decamps n'a voulu faire ni une galerie de portraits ni un incident à l'aide duquel on croit souvent trouver un titre à son tableau; il a essayé de déployer sur sa toile l'image générale et complète d'une bataille.

Voilà ce qu'une partie du public n'a peut-être pas compris; voilà ce qui a fait méconnaître la vérité de ce tableau, dans lequel on a d'ailleurs contesté jusque-là l'exactitude des lieux, quoique le paysage ait été peint d'après nature devant le champ de bataille même.

Vous savez comme moi que la bataille des Cimbres n'est pas

une œuvre complète, et que, comme toutes les inventions, elle a
sans doute besoin de grands perfectionnemens ; mais celui-là
s'est singulièrement trompé, qui a pu chercher dans cette multitude de combattans l'exactitude des contours et du dessin, l'intention précise de chaque groupe et de chaque personnage ; car
si l'on y eût trouvé chacun de ces détails, la bataille des Cimbres
eût été tout autre que celle qu'a voulu faire l'auteur et certainement elle eût été manquée. D'un point de vue élevé, l'artiste a
embrassé dans son entier le drame d'extermination qui se dérou-
lait à ses pieds : dans cette vaste pensée de destruction, dans cette
immense mêlée, dans cette large scène de fureur, de massacre, de
victoire et de défaite, de vainqueurs et de fuyards, là est le tableau,
et non dans les têtes, dans les figures ou dans les groupes isolément;
car là aussi est la bataille dans la nature, où un spectateur au
même point d'où l'artiste s'est placé, serait impuissant à distraire
les détails de ce vaste spectacle dont l'ensemble, la masse, l'impression dramatique doit l'absorber tout entier. C'était là qu'é-
tait toute la question abordée par M. Decamps, signaler les fautes de dessin, les incorrections, les négligences ne détruirait pas
pas la grande pensée qui plane sur ce tableau, pensée qui annonce dans le talent de l'auteur plus de portée que n'en indi-
quaient ses premiers travaux, et qui place M. Decamps au début
d'une carrière nouvelle, plus grande, plus poétique et aussi plus
dangereuse que celle qu'il a fournie jusqu'à ce jour.

   Agréez, etc.

        Ch. ROYER.

Les réputations acquises facilement passent vite, la gloire ne
se gagne pas comme la fortune dans un coup de bourse, et celle
que l'on n'a pas consciencieusement payée de ses veilles et de son
travail s'éloigne aussi promptement qu'elle est venue, après

avoir été reconnue et dénoncée au public comme fausse monnaie.

Le peintre le plus populaire sous la restauration, celui qui a vu plusieurs années de suite le public fidèlement empressé autour de ses batailles; celui qui après Charlet a trouvé moyen de peindre la vie militaire, sinon avec autant d'originalité et de physionomie que ce grand artiste, du moins sans l'imiter, M. Horace Vernet, aujourd'hui directeur de l'école de Rome, peut voir s'éloigner chaque année quelques-uns des admirateurs assidus de ses ouvrages; il peut se convaincre que si la *Judith* n'a pas tenu tout ce que promettait le *Massacre des Mamelucks*, si le *Portrait du Pape*, exposé il y a trois ans, était encore bien plus loin de la *Folle de Waterloo*, il est presque arrivé aux derniers termes de la progression décroissante de son talent, dans ses tableaux du Palais-Royal et d'une *Scène d'Arabes*.

M. Horace Vernet avait créé une peinture contemporaine dont le caractère manquait peut-être de noblesse et de gravité, mais qui était remplie d'esprit et de finesse; il est malheureusement bien difficile de retrouver le souvenir de ces qualités dans son tableau représentant l'arrivée du *duc d'Orléans au Palais-Royal;* on ne sait vraiment si c'est sous l'influence d'une mauvaise pensée politique, qu'il a fait une si faible peinture, ou si c'est pour déguiser la nudité du sujet qu'il y a introduit son malencontreux épisode politique. Quant au tableau des Arabes dans leur camp, quelques parties rappellent encore l'ancienne et habile facilité de l'auteur; mais le ciel n'est pas celui de l'Afrique, le pays est en Normandie et non pas en Arabie; les vêtemens sont des couvertures de coton et non pas ces larges et graves *Bernus* dont la draperie, placée sur le dos du dernier misérable, en fait une figure aussi belle que les statues antiques.

Plusieurs têtes sont réussies, entre autres celle du conteur et celle de la femme; mais les autres sont d'un ton lourd et d'un caractère un peu banal. C'est une tâche pénible à remplir que de constater ainsi la décadence d'un talent autrefois si vif, si fécond et si spirituel; mais nous devons au public la vérité, quelque triste qu'en soit l'expression pour nous-mêmes; M. H. Vernet n'est d'ailleurs pas le seul auquel cette observation puisse s'appliquer, car, s'il descend du rang élevé où l'avait placé son talent, il en est d'autres qui tombent tout-à-fait.

M. Bellangé continue l'histoire militaire abandonnée par M. H. Vernet. Dans son tableau du *Retour de l'Ile d'Elbe*, il a rencontré l'un des plus beaux sujets auxquels l'art puisse demander ses inspirations. L'antiquité n'offre rien de plus noble et de plus dramatique que cet homme, quittant une poignée de braves pour s'avancer seul, avec l'unique souvenir de son ancienne gloire et de son ancienne puissance, au-devant de l'armée qu'on a envoyée pour *le prendre mort ou vif*, et présentant sa poitrine aux coups du premier qui voudra le tuer. M. Bellangé est resté bien loin de son héroïque sujet; sa composition n'est pas heureuse; le personnage principal est à peine visible dans le terrein grisâtre au milieu duquel il est comme enfoncé. Nous ne voulons pas détailler ici toutes les parties de ce tableau; nous préférons donner à l'artiste les éloges que mérite sa *Prise de la lunette Saint-Laurent*, dont l'effet nouveau est ingénieusement rendu et où la pensée de l'auteur, moins élevée et plus simple, a été aussi mieux exprimée que dans son grand tableau.

Les jeunes élèves de M. Vernet ne tiennent pas tout ce qu'avait promis leurs premiers débuts; cependant, M. Eugène Lami a conservé, dans ses deux tableaux de *la Course au Clocher* et du *Trait de bravoure d'un Officier russe*, la facilité d'exécution qui

le distinguait, mais à laquelle il s'abandonne toujours trop exclusivement, et qu'il ne paraît pas chercher à améliorer par des études plus laborieuses. M. Dedreux mêle aux leçons de M: H. Vernet
le souvenir de l'exécution puissante et fougueuse de Géricault ;
mais le style élégant du premier nuit probablement à la sévérité
et à la correction que M. Dedreux a étudiées dans le second.
M. Delansac cherche encore plus fidèlement la couleur et le sentiment de Géricault dans ses *Chevaux de Poitou* et dans son *Pi-
queur égaré*, mais avec une indécison dans les formes et quelques incorrections de dessin qu'il n'a jamais trouvées dans le grand
maître. Nous félicitons M. Delansac d'avoir abandonné tout
système d'imitation dans son tableau des *Muletiers espagnols*,
peinture sage, facile, et dans laquelle plusieurs parties sont d'un
ton ferme et brillant, quoique l'ensemble manque un peu de lumière et que les fonds soient surtout ternes et trop également
empâtés.

M. Jeanron nous semble avoir quitté, peut-être à tort, la route
nouvelle et animée qu'il s'était ouverte par son tableau des *Petits patriotes ;* il paraît aujourd'hui revêtir ses études d'après nature de tons et de formes empruntés aux peintures les plus vigoureuses et les plus arrêtées des anciens maîtres. Mais, après ses
Paysans limousins, M. Jeanron nous doit prouver si nous nous
trompons et s'il a eu raison d'échanger l'inspiration vive et originale sous laquelle a été fait son premier tableau, contre la
touche plus ferme et plus savante, mais aussi plus lourde et plus
pénible, qui caractérise son groupe de paysans.

Nous devons une mention au tableau représentant *un jour
d'aumône à la Chartreuse*, dans lequel M. Chasselat a montré
une simplicité qui n'est pas dépourvue d'étude et de finesse ; à
celui de M. Leblanc, dont *la Scène du Ramazhan* est remarqua-

ble par le caractère d'originalité des figures et l'effet bizarre qui éclaire le tableau ; à *la Marchande d'antiquités* de M. Fouquet, dont plusieurs détails sont faits avec une adresse qui manque totalement dans ses autres tableaux ; enfin à la tentative faite par M. Pigal dans un genre de peinture plus sérieux que celui auquel cet artiste s'était appliqué jusqu'ici, et dans lequel M. Pigal persévérera sans doute après les incontestables progrès qu'il annonce dans son tableau d'*une jeune Femme expirant dans les bras de ses parens*.

Les tableaux de scènes familières sont plus particulièrement l'objet des études d'un grand nombre de jeunes gens, qui ne s'aperçoivent pas combien ce genre exige de qualités difficiles pour se classer d'une manière seulement remarquable ; toutes les fois que le sujet n'est pas d'un intérêt vif et piquant, ou d'un sentiment profond et passionné, il faut que l'artiste en appelle à toute l'habileté de l'exécution, à toute la vérité de l'imitation pour fixer les regards du public. Ainsi, M. Badin et M. Durupt, avec quelques progrès dans leurs travaux, ont pu attirer l'attention par le choix de leurs sujets, l'un sur *une Scène d'invasion*, l'autre sur *la Mort de Pierre-le-Cruel*, malgré la faiblesse de ces deux peintures ; mais il ne faut pas qu'au défaut d'intérêt se joigne l'absence complète d'exécution et de vérité ; ainsi des singes, des lapins, des plages, des moulins, ne peuvent être acceptés par le public dans des tableaux qu'à la condition qu'ils offriront une imitation exacte, une couleur vraie des objets, et un sentiment fin et expressif de la nature de chaque individu.

Il y a un peintre qui, sans un brillant talent de coloriste, sans un profond savoir de dessinateur, possède à un singulier degré l'intelligence d'une scène comique ou familière. M. Biard, dans *un Baptême sous la Ligne*, motif peut-être trop étranger à nos moeurs pour être bien compris de tout le public, a surmonté de grandes difficultés de composition, et dans le tableau intitulé *la Ressemblance contestée*, a rendu avec un rare bonheur un de ces épisodes comiques qui interrompent parfois la gravité habituelle d'un tribunal. La simplicité des poses, la justesse des mouvemens, le caractère spirituel attribué à chaque personnage font de ce tableau une réussite complète en ce genre; aussi le public a-t-il plus volontiers remarqué celui-ci que le premier et que *la Tribu arabe*, du même auteur, dont le ton paraît vague et indécis et la touche un peu molle, surtout à la trop grande distance à laquelle ce tableau a été constamment placé pendant l'exposition.

Paysage, Intérieur, Marine, Portraits.

De toutes les formes sous lesquelles se révèle le talent, la plus rare, la plus difficile, celle qui appartient au génie, c'est l'originalité, c'est l'invention. Une idée nouvelle, une découverte, une modification importante dans le cours des sciences connues, si incomplètes qu'elles puissent être d'abord, sont toujours des leviers sur lesquels s'appuient les hommes de talent pour en tirer plus tard une série de faits et de conséquences destinés à changer à la fois la direction de l'art et l'opinion de la société.

Une pensée neuve est donc, indépendamment de la manière dont elle est exprimée, un titre à l'attention, et si elle est acceptée comme conforme à la vérité, elle devient un titre d'illustration pour celui qui l'a le premier publiée.

L'Académie, déjà battue partout, n'a peut-être pas encore éprouvé de défaite si complète que celle qu'elle a essuyée cette année dans la peinture du paysage. Les membres de l'Institut et les lauréats de la villa Médicis, tous ces artistes patentés, blanchis sous le harnais, sont détrônés par des jeunes gens qu'on croirait des hommes faits, à voir leurs tableaux.

C'est que la routine ne développe guère l'intelligence; ce qui explique peut-être pourquoi le paysage historique est depuis si long-temps d'un intérêt si faible et d'une exécution si défectueuse; tandis que l'introduction dans la peinture d'un sentiment nouveau, d'une nouvelle manière d'appliquer la palette à l'imitation des formes et des effets de la nature, a ému tous les jeunes talens et les a entraînés dans la voie nouvelle qu'un homme, jeune comme eux a ouverte il y a quelques années.

C'est à M. Paul Huet qu'appartient la première tentative faite dans cette partie de l'art; c'est lui qui a donné la première impulsion, impulsion qui est suivie aujourd'hui avec tant de vivacité par les jeunes gens qui l'appuient des développemens et des progrès dont toute idée naissante est susceptible.

M. Paul Huet n'a pas toujours soutenu l'énergie de ses débuts. Sa *Vue d'Avignon* en particulier est d'une touche un peu molle, surtout dans les premiers plans; mais il règne encore dans ce tableau une lumière, une profondeur d'air et d'horizon que nous n'avons trouvées dans aucun autre paysage à un semblable degré. Ses deux petits tableaux, la *Vue du château d'Eu* et la *Vue des environs d'Honfleur*, prouvent que les défauts du grand tableau n'appartiennent pas à l'auteur, mais peut-être à la manière dont il a conçu une vaste et lumineuse étendue de pays. Mais c'est surtout dans ses *paysages à l'eau forte* que M. Huet s'est montré peintre original, plein de verve et de chaleur. C'est un beau titre d'illustration pour lui, après avoir rappelé la peinture du paysage dans la route de la vérité et de la couleur, de ramener encore parmi nous un art non moins précieux, que nous dédaignons trop et dans lequel les anciens maîtres nous ont laissé de si beaux souvenirs; l'art de graver à l'eau forte a, comme la lithographie, l'avantage de donner le travail de l'artiste lui-même, et possède d'ailleurs sur la dernière tant d'avantages pour la fermeté du modelé, la puissance du ton, la finesse et l'esprit du trait, que les jeunes peintres qui comprennent qu'aucune des ressources offertes par l'étude de l'art n'est à dédaigner, s'appliqueront sans doute à suivre l'exemple, d'ailleurs si encourageant et si complet, que leur donne M. Paul Huet.

De tous les paysages du Salon, le plus remarquable, par la nouveauté de l'effet et la manière dont il est rendu, est sans contredit *la Mare* de M. Jadin. La richesse de la couleur, la lumière, l'harmonie qu'il a su répandre sur des oppositions de tons très-prononcées, prouvent que M. Jadin est enfin arrivé au but qu'il poursuivait depuis plusieurs années, et dont on n'avait pu reconnaître toute la portée dans les œuvres que cet artiste avait exposés jusqu'ici.

M. Jadin choisit heureusement les aspects les plus frappans sous lesquels la nature s'offre à nos yeux dans les momens où la lumière se trouve scindée par des accidens de localité ou par la transition du jour à la nuit, et réciproquement; le succès qui a couronné cette fois le travail de M. Jadin, a dû lui prouver que, si faux que soit le jugement du public, quelque conventionnel que soit son goût, il est de ces vérités qui se font reconnaître d'elles-mêmes, et auxquelles il se rend volontiers. Avec toute la richesse de palette que M. Jadin avait déjà montrée dans ses tableaux de nature morte, il a, dans son grand tableau, rendu au paysage la poésie, le sentiment large et saisissant des beaux effets que l'on rencontre souvent à la campagne.

- Avec moins de fougue, mais bien plus de savoir-faire, M. Cabat prend la nature dans ses aspects simples et les plus connus ; pour lui, la difficulté n'est pas le choix d'un motif nouveau capable de saisir vivement l'attention du public, c'est de rendre aussi exactement que possible la forme et la couleur des objets ; c'est de faire un portrait de la nature avec toute la fidélité et tout le luxe d'exécution qu'un artiste pourrait déployer pour embellir son modèle. Ses petits tableaux sont en ce genre de vrais joyaux ; mais nous n'en félicitons pas moins M. Cabat d'avoir tenté d'élever son talent dans son grand tableau de *l'Étang de Ville-d'Avray*, où il a su joindre une fermeté de touche à une puissance de couleur qui n'a peut-être d'autre défaut que d'être trop arrêtée et trop précise, mais qui annonce dans M. Cabat autant de sentiment que de volonté puissante de rendre ce qu'il conçoit, qualité bien rare dans un jeune homme, et qui, si elle entraîne l'artiste à mettre dans ses ouvrages de la dureté, par exagération de fermeté, de la lourdeur en exagérant le ton, promet malgré tout, un grand développement à son talent, surtout quand il aura un peu oublié l'inspiration des grands maîtres et qu'il verra la nature naïvement par ses propres yeux et sans recourir à un prisme qu'il leur a emprunté.

Indépendans de toute influence de cette nature, deux peintres viennent de se classer d'une manière remarquable. M. Rousseau, dont le tableau exposé l'année dernière était incontestablement le meilleur paysage de tout le Salon, et qui a vu cette année, en récompense de son succès, refuser son grand paysage. Il est vrai que pour obscurcir encore cet imbroglio d'ignorance et d'absurdités, voici qu'on a donné une médaille à M. Rousseau, probablement pour le tableau qu'on lui a refusé ; car la petite toile qui a seule été admise par le jury est trop peu importante. Puisqu'on voulait encourager M. Rousseau, il fallait d'abord admettre son ouvrage; autrement l'administration rend au jury l'incivilité que celui-ci voulait faire à M. Rousseau. Quant à M. Flers, si le jury ne lui a rien refusé, l'administration ne lui a rien accordé; c'est comme on voit un système de compensation. Cependant les tableaux de M. Flers méritaient de fixer l'attention sous plusieurs rapports; la nature y est rendue avec une naïveté, une bonhomie simple et facile qui l'a peut-être un peu rapetissée, mais qui préserve l'auteur des réminiscences si dangereuses de l'art flamand et de la recherche des procédés usités par le grand-maître. On a reproché bien injustement à M. Flers de suivre aujourd'hui M. Cabat, autrefois son élève. Ce reproche pouvait peut-être plutôt s'appliquer aux rapports qui existent entre la peinture de M. Cabat et de M. Dupré, non qu'il puisse y avoir imitation, M. Cabat est trop fort, M. Dupré trop fin, trop original d'ailleurs dans son petit intérieur; mais ces deux artistes paraissent travailler sous une même préoccupation de la peinture flamande.

Un nouveau rival digne de tous les jeunes talens qui déploient tant d'émulation dans cette carrière, s'est présenté cette année au Salon. La *Place de l'Esbekieh au Caire*, trahit bien dans M. Marilhat un peu d'inexpérience de la palette, mais il y a une chaleur de ton et d'air dans les derniers plans, une vigueur de soleil et de lumière sur les devans, qui annoncent que M. Marilhat sait se créer des ressources pour peindre ce que son sentiment lui fait si bien comprendre dans la nature. M. J. André, avec bien plus de travail et de pratique, est loin d'éclairer ses prairies avec autant de succès. Il porte d'ailleurs dans l'exécution minutieuse de ses tableaux une habileté qui rappelle trop la peinture sur porcelaine.

M. Giroux lutte péniblement contre les habitudes de l'école, dont chaque année pourtant il réussit à rompre quelques liens. Les massifs des seconds plans dans sa *Vallée du Grésivaudan* sont d'un ton fin et aéré, et les formes heureusement dessinées ; mais les devans sont d'une sécheresse, d'une couleur froide et vitreuse qui rappelle tout-à-fait l'élève de Rome. M. Aligny ne tient pas cette année les belles promesses des années précédentes ; c'est une revanche à prendre pour lui au Salon prochain. M. Jolivard n'avance pas non plus et en est resté à ses paysages gris et monotones qui ont signalé ses débuts. M. Daguerre a perdu le secret de la palette à l'huile, depuis qu'il a découvert une peinture si magique et si curieuse dans son Diorama. M. Lapito ne paraît s'appliquer ni à l'étude des formes, ni au modelé des objets ; ses tableaux ne sont guère que des silhouettes découpées d'arbres, de montagnes, de terrains et de figures. M. Gué nous a peint la belle Venise sous le même soleil blafard qui éclairait ses chapelles de la Bretagne. Comme M. Smargiassi, il a une palette uniforme sur laquelle il retrouve constamment les mêmes tons, quels que soient les objets qu'il ait sous les yeux. M. Dupressoir annonce des progrès dans ses vues d'Edinburgh, et M. Gintrac a réussi dans quelques parties de ses paysages des Landes. Enfin deux dames se sont distinguées par l'originalité de leur talent : mademoiselle Sarrazin de Belmont, par la vérité et la naïveté de sa *Vue prise dans la forêt de Fontainebleau*, et mademoiselle Eulalie Caillet, par la fermeté du ton et la vérité de l'effet de son tableau d'*une Mare en Normandie*.

M. Granet, dans sa *Mort du Poussin*, a obtenu au commencement du Salon un succès que la réflexion et l'examen ont un peu altéré depuis ; c'est qu'en effet la première impression de ce tableau est vraiment saisissante ; mais la gravité de la scène, le calme de l'effet, le sentiment des figures, ne peuvent faire excuser les incorrections de dessin, les tons lourds et noirâtres qui enlèvent à ce tableau l'aspect de vérité et de puissance qu'il présentait d'abord. Ces imperfections sont encore plus prononcées dans son tableau de *Vert-Vert*, où le ton local qui règne jusque sur les demi-teintes des chairs, semble avoir été puisé dans l'encrier. Plus aérien, plus transparent dans sa *Cathédrale de Barcelone*, M. Dauzats a annoncé un talent fortifié par l'étude et par l'observation, surtout dans le fond de l'église, dont l'effet est très habilement rendu. Il y a aussi des progrès dans les intérieurs de M. Renoux. Quant aux tableaux de M. de Forbin, il nous est impossible d'en dire autre chose, sinon que ce sont les œuvres du directeur des Musées; qu'à ce titre elles ont droit aux plus belles places du Salon, aux premiers fonds du Gouvernement; mais il nous est difficile de distinguer, au milieu du vaste clair-obscur qui voile chacune de ces grandes toiles, par quelles qualités elles méritent de si grandes faveurs.

C'est avec un sentiment de tristesse et de regret que nous voyons des jeunes gens dont les premiers ouvrages ont été reçus avec applaudissement s'endormir an bruit flatteur de ces encouragemens et se croire arrivés au but de toute ambition, aux derniers termes de leur art; ce n'est pas nous qu'on accusera de vouloir détruire des réputations à peine naissantes, nous dont la voix s'est élevée de préférence en faveur des jeunes gens; mais devant les tableaux de M. Gudin, il faut se rappeler que plusieurs jolis tableaux ont illustré ce nom, lui tenir compte de ce qu'il a fait et le plaindre de ce qu'il fait aujourd'hui. M. E. Isabey n'a pas voulu, lui, dépasser le terme qu'il avait atteint; entre toutes ses marines, il y en a deux petites qui sont dignes de ses meilleurs ouvrages; mais quand il a voulu changer le caractère de son talent, dans ses deux tableaux d'intérieur, il n'a réussi qu'à toucher avec adresse et vérité quelques vieux volumes et quelques détails, mais il n'a pu en faire deux tableaux.

Quelqu'un a dit qu'après M. Isabey, venait M. Lepoitevin ; après M. Lepoitevin, M. Rameley ; après M. Rameley, M. Casati. Sans souscrire entièrement à cette opinion, il est incontestable qu'il y a quelque chose de vrai dans cet enchaînement de talens ; mais M. Lepoitevin a trop d'intelligence et a trop bien réussi, lorsqu'il a voulu prendre pour seul guide la nature, pour qu'il ne doive pas un jour rompre avec toutes les influences qui tourmentent son pinceau.

Quant à M. Tanneur, il nous semble, cette année, avoir acquis son incroyable popularité en procédant par la même voie qui a fait décliner celle de M. Gudin. Nous lui opposerions volontiers l'intéressante carrière de M. L. Garnerey, dont la laborieuse et progressive persévérance, si elle n'est pas encore parvenue à créer des œuvres du premier ordre, révèle du moins dans ses ouvrages une volonté attentive de bien faire, jointe à une ambition de faire mieux.

Le portrait est, de tous les genres de peinture, celui qui prête le plus à l'étude, à la correction et à l'exécution. Avec la nature sous les yeux, l'artiste n'a besoin que de deux facultés : bien voir et bien exprimer. C'est aussi par le fait même que le peintre a devant lui toutes les conditions de perfection qu'il doit remplir, que le spectateur est plus justement exigeant devant son œuvre, non que le portrait soit absolument plus facile qu'aucune autre peinture, mais parce que le modèle est plus simple, plus complet, et laisse beaucoup moins à l'imagination de l'artiste.

Malgré ces conditions favorables, un beau portrait est chose aussi rare que tout autre beau tableau, et les mauvais portraits dépassent de beaucoup les mauvais ouvrages d'un autre genre. Nous avons admiré de nos jours le portrait de M. de Nanteuil, par Pagniest ; le portrait du pape par David, et plusieurs por-

traits par Th. Lawrence ; mais qui pourrait compter les innom-
brables têtes de M. Dubufe et de l'école qu'il a la triste gloire
d'avoir fondée. Entre ces deux pôles de l'art du portraitiste,
entre sir Lawrence et M. Dubufe, se presse une foule de degrés
intermédiaires difficiles à classer ; toutes les écoles s'y trouvent
confondues ; l'on y voit MM. Bouchot, Larivière, Vauchelet,
soumettre la peinture académique à des concessions exigées par
les innovations récentes ; puis M. Raverat luttant encore contre
les novateurs dans son *Portrait du général Junot*, qui rappelle
de loin la peinture de Girodet. L'on y trouve des praticiens cé-
lèbres dont la réputation descend chaque année d'un degré, lorsque, à l'exemple de Madame Haudebourt, ils exposent des portraits glacés, polis comme des marbres, et qui semblent empruntés à l'école de M. Kinson, ou quand, avec M. Champmartin, ils
paraissent plus ambitieux d'acquérir de la rapidité que de l'habileté. C'est une chute grave que celle de M. Champmartin au
Salon de cette année ; quand on a fait preuve d'un talent aussi
remarquable que celui qui distinguait le portrait du duc de Fitz-
James et plusieurs autres du même auteur, on ne fait pas tort
qu'à soi-même, en quittant cette riche et puissante carrière,
pour se rapetisser à la taille d'un fabricant qui ne peut suffire
aux demandes de ses clients ; on se rend en outre coupable envers l'art que l'on abaisse et envers son pays qu'on pouvait
illustrer. Si M. Lepaulle avait déjà donné l'exemple qu'a si malheureusement suivi M. Champmartin, c'est que l'art pouvait
ne paraître à ses yeux qu'un moyen de se faire une position et
une fortune, tandis que pour l'auteur du *Massacre des Janis-
saires*, il y avait peut-être quelque chose de mieux dans l'avenir.
Nous ne parlons d'ailleurs de M. Lepaulle que comme peintre
de portraits et de chiens, genre dans lequel il a déployé une facilité parfois heureuse, mais qui devient quelque chose d'in-

qualifiable dans ses paysages et sa *Vue du Pont-Neuf*, dont le ridicule n'est pas le caractère le moins saillant. M. Henry Scheffer n'a pas été heureux dans ses portraits ; on en peut dire autant de MM. Steuben et Bonnefonds, quoique la figure de *Jacquart*, peinte par ce dernier, dût être une chose remarquable, si l'ensemble ne présentait pas une si grande mollesse de ton et de modelé.

M. Decaisnes s'est relevé cette année ; ses portraits sont, avec les trois figures de M. Ingres, de M. Gigoux et de M. Hesse, les mieux faits et les plus étudiés du Salon. Nous citerons avec plaisir le début d'un jeune homme qui a appartenu, dit-on, à l'école de M. Ingres, mais qui a eu la sagacité de n'y puiser que ce qu'elle renferme de bon, et d'en sortir précisément à temps. Il y a plus d'art et de talent dans le portrait d'une jeune fille par M. Jouy, que dans beaucoup de grands tableaux.

L'espace nous manque pour parler d'un portrait de madame de Mirbel, qui, entre tous les autres, constate que ce beau talent ne perd rien de sa fraîcheur et de sa fermeté ; de plusieurs miniatures de M. Saint, de quelques-unes par M. Dubourjal, et enfin des fautes de M. Isabey père, à qui il reste heureusement le souvenir de sa célébrité. Nous ne devons pas oublier de signaler les portraits extrêmement remarquables de mademoiselle Clotilde Gérard, dont la vérité et le modelé sont dignes de grands éloges.

Nous terminerons en rappelant au public les noms de quelques jeunes gens, qui ont échappé à notre plume dans la rapidité de notre revue ; M. Meissonnier a fait un petit tableau d'une finesse remarquable, sous le titre de *Bourgeois Flamands* ;

M. Alph. David a montré des progrès dans un tableau sagement peint, et représentant *un Ménage suisse*. MM. Justin Ouvrié, Morel-Fatio et Roquemont, en acquérant plus de fermeté et de correction, auront droit à des éloges que nous nous plairons à leur donner.

Conclusion.

Nous avions essayé de présenter au public un résumé des idées que nous venons de développer ; nous voulions soumettre au jugement de tous, les résultats les plus saillans de cette réunion de travaux que la société a accueillis cette année avec un intérêt croissant. Nous voulions constater trois directions imprimées à l'art, dans la voie du progrès, par trois individualités distinctes et originales au milieu d'un grand nombre d'hommes de talent ; l'impulsion riche, variée, inégale, mais puissante, donnée par le génie de M. Delacroix, celle qui dirige M. Barye dans l'imitation de la nature et l'étude de la vérité ; enfin celle à laquelle M. Decamps attache son nom. Nous aurions indiqué rapidement la position spéciale occupée par M. Ingres et M. Delaroche, position toute scientifique dans le premier, toute spirituelle et toute mondaine dans le second. Nous aurions réuni en faisceau les noms des hommes que l'étude et le travail trouvent fidèlement voués au culte des arts, et en tête desquels se placent MM. Scheffer, Roqueplan, Granet, Alfred et Tony Johannot, Paul Huet, Ziegler et M. Klagman, dont les jolies figures en bronze ont été omises dans cette revue par un oubli qui ne vient pas de nous. Enfin nous aurions rappelé les débuts remarquables de MM. Brune et Gigoux.

Voilà comment nous espérions terminer ce compte rendu trop rapide et trop incomplet. Mais nous sommes forcé de taire notre pensée ; le bulletin officiel du *Moniteur* nous a prévenu. La promulgation de ce bulletin a désormais fixé, de par l'autorité supérieure, le jugement auquel le public doit souscrire , et notre voix est trop faible pour nous permettre d'opposer proclamation à proclamation. Nous prendrons donc celle du *Moniteur*, telle qu'elle est, avec les cent soixante noms qu'elle contient et ceux que l'on a oubliés.

Il faut d'abord prévenir le public que sur les cent soixante récompenses accordées , il y en a un peu plus de cent qui ne coûtent pas un sol à la liste civile ; ce sont autant de mentions honorables , monnaie de peu de valeur et dont on n'a pas été avare. Mais ce qui est incroyable, c'est que les noms des artistes les plus recommandables ont été omis dans cette longue nomenclature ; c'est qu'il résulte de la distribution publiée par le *Moniteur* que des artistes n'ont absolument rien mérité cette année , pas même une mention dans le *Moniteur*, c'est à dire presque moins que rien, et ces artistes, ce sont MM. Delacroix, Barye, les frères Johanno', Louis Boulanger et Clément Boulanger (*Voir le Moniteur du 8 mai*). Si l'omission est volontaire, c'est un acte révoltant, si elle est involontaire, il est inqualifiable.

Tout le reste est de la même force. M. Ingres est côte à côte avec M. Blondel ; on a placé sur le même rang M. Granet et M. Destouches, M. Champmartin et M. Dubufe, M. Isabey et M. Dagnant, M. Ziegler et M. Latile, M. Gigoux et M. Goyet, M. Jeanron et M. Roëhn fils, M. Paul Huet et M. Malbranche , M. Decamps et mademoiselle Sarrazin de Belmont , M. Rousseau et M. Petit, enfin M. Jadin et mademoiselle Lebaron (*Textuellement copié sur le Moniteur*).

M. Jadin a fait, avons-nous dit, le paysage le plus remarquable du Salon; nous ne savons pas ce qu'a fait mademoiselle Lebaron; mais ce qu'a fait la Direction est bien plus remarquable encore; elle a donné *une médaille de troisième classe à M. Jadin comme portraitiste!* et M. Jadin n'a jamais de la vie exposé un portrait au Louvre. Ceci exige une courte explication.

Il existe une espèce d'entreprise, une fabrique de portraits du roi, destinés aux municipalités, aux mairies, aux communes, aux justices de paix, aux tribunaux de toute la France; il en faut beaucoup; il les faut promptement; on en fait tant par semaine; on y met *des ouvriers*, comme dit un ministre. Ces ouvriers copient un mauvais portrait, copié lui-même sur un original qui ne vaut guère mieux. M. Jadin, paysagiste distingué, a eu la complaisance de prêter son pinceau à l'exécution d'un de ces articles, voilà pourquoi il a eu la médaille de troisième classe comme portraitiste. Par suite du même principe, M. Brune a une médaille de seconde classe dans *le genre historique*, et M. Decamps est considéré comme paysagiste. Nous ne contesterons pas aux malheureux, dont les noms remplissent ces vastes tables, les tristes distinctions qui ne pourront bientôt plus exciter l'envie de personne; nous demanderons seulement encore si le tableau acheté à M. Delacroix est un de ceux que le jury a refusés, ce qui n'aurait rien d'étonnant, puisque l'on accorde une médaille à M. Rousseau pour un tableau que ce même jury n'a pas voulu admettre, et que l'on offre à M. Dupré une mention honorable, après lui avoir renvoyé une aquarelle incontestablement supérieure à ses tableaux.

Ce n'est pas tout, et le *Moniteur* contient un catalogue d'ouvrages achetés d'après lequel le public pourrait croire que la liste civile a réellement fait de grands sacrifices au Louvre; mais, outre que le public ne connaît pas le prix imposé aux artistes, avec lesquels

on marchande volontiers, on emploie un moyen très-simple à
l'aide duquel on se donne l'air d'avoir acquis un grand nombre
d'ouvrages et sans avoir à les payer; on achète un tableau sans
même s'informer s'il est à vendre; on fait imprimer dans tous
les journaux la liste de ces acquisitions; si les ouvrages étaient
déjà vendus, on garde son argent et l'on n'en a pas moins son
brevet de libéralité aux yeux du public. C'est ce qui est arrivé
à M. J. André, à M. Lepoitevin et à tant d'autres. Par compensation, on n'a pas acheté le paysage de M. Cabat, sans doute
parce qu'il n'était pas vendu et que d'ailleurs c'était l'un des
plus beaux que nous eussions vus depuis plusieurs années.

Plus on analyse cet emphatique tableau des récompenses,
plus on rencontre de sottises, de vilenies et d'injustices; il ne
fallait en vérité rien moins que cet obscur amalgame de noms,
sans distinction de talent ni de mérite, pour surpasser l'odieuse
partialité du jury d'admission. L'épithète seule capable de qualifier de pareils actes est une injure dans toutes les langues; nous
nous abstiendrons de l'écrire.

Mais ce qu'il faut dire au jury, à la Direction et au ministre,
c'est que le public, incapable d'apprécier le mérite qui distingue
chaque artiste, comprend encore bien moins l'absurde classement sous lequel l'administration a voulu les courber; c'est que
par de tels actes on arrive à mécontenter les hommes de talent,
sans contenter personne; c'est qu'on soulève l'indignation de
tout ce qui a un cœur d'artiste, et que l'on n'a pas même les
applaudissemens de ceux que l'on croit combler de faveurs, et à
qui il ne reste bien souvent qu'à rougir de les avoir acceptées.

FIN.

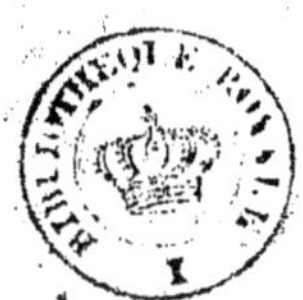

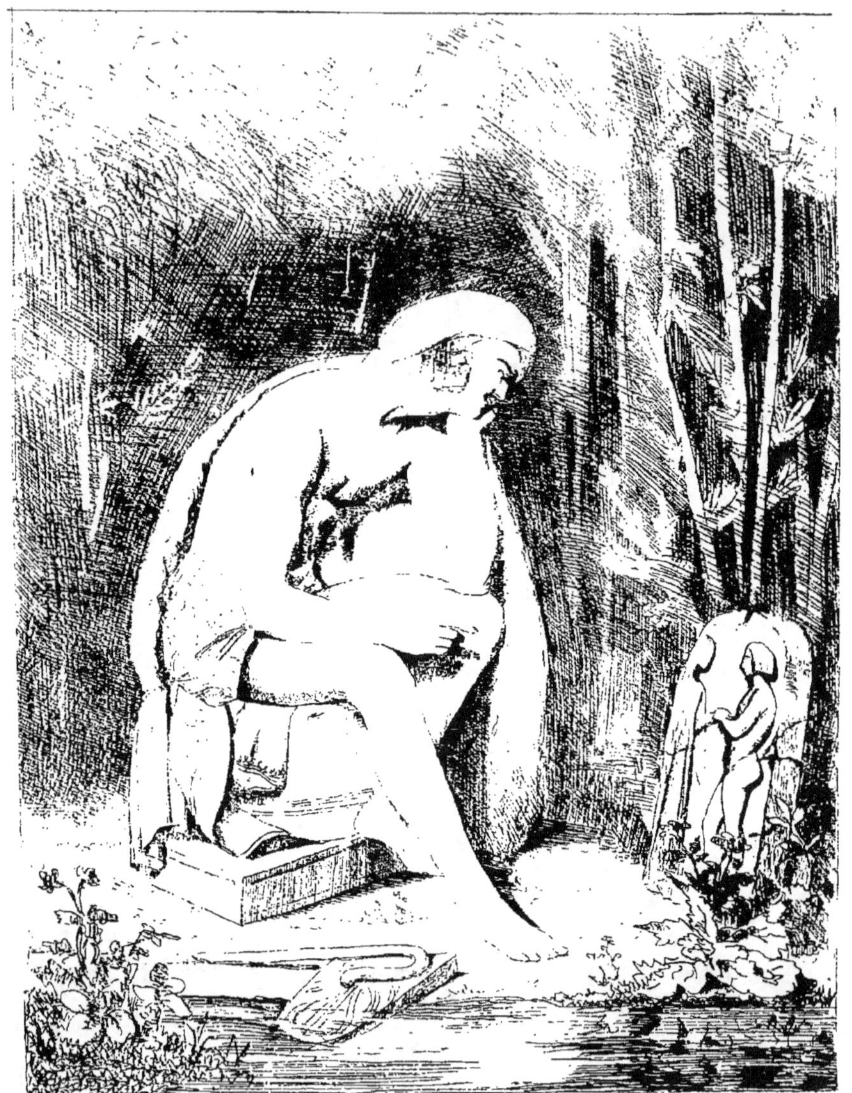

transporté lith Delaunois

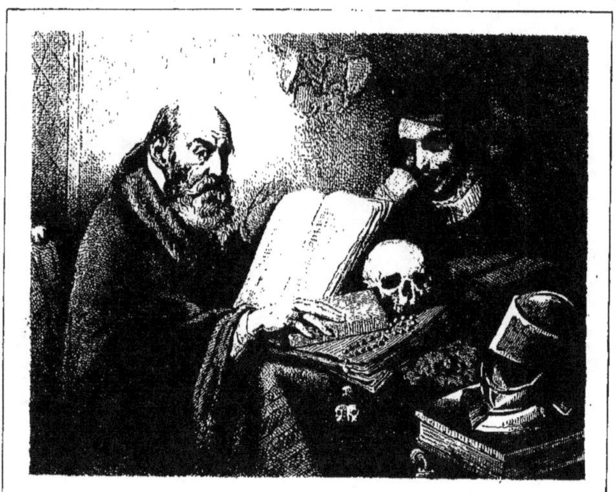

Étude de Vieillard.

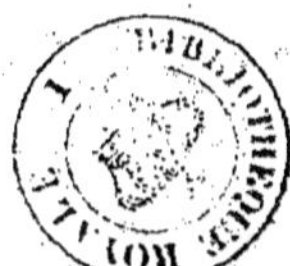

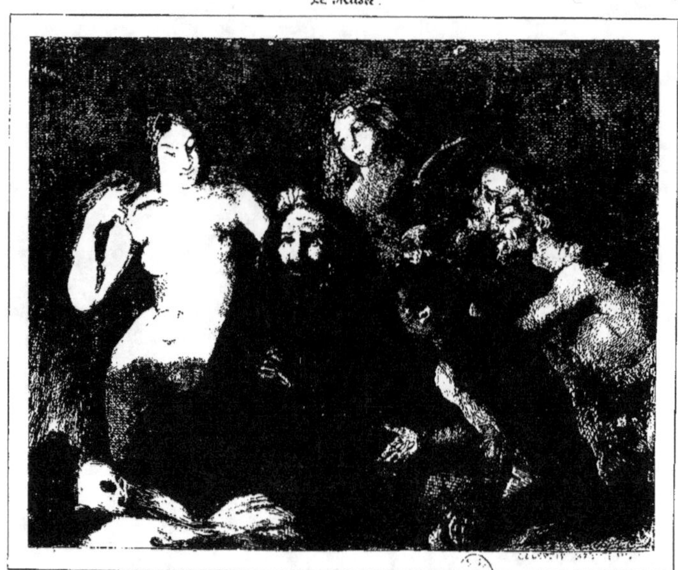

Tentation de St Antoine.

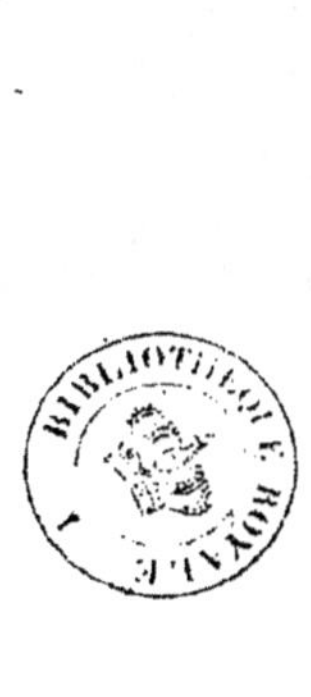

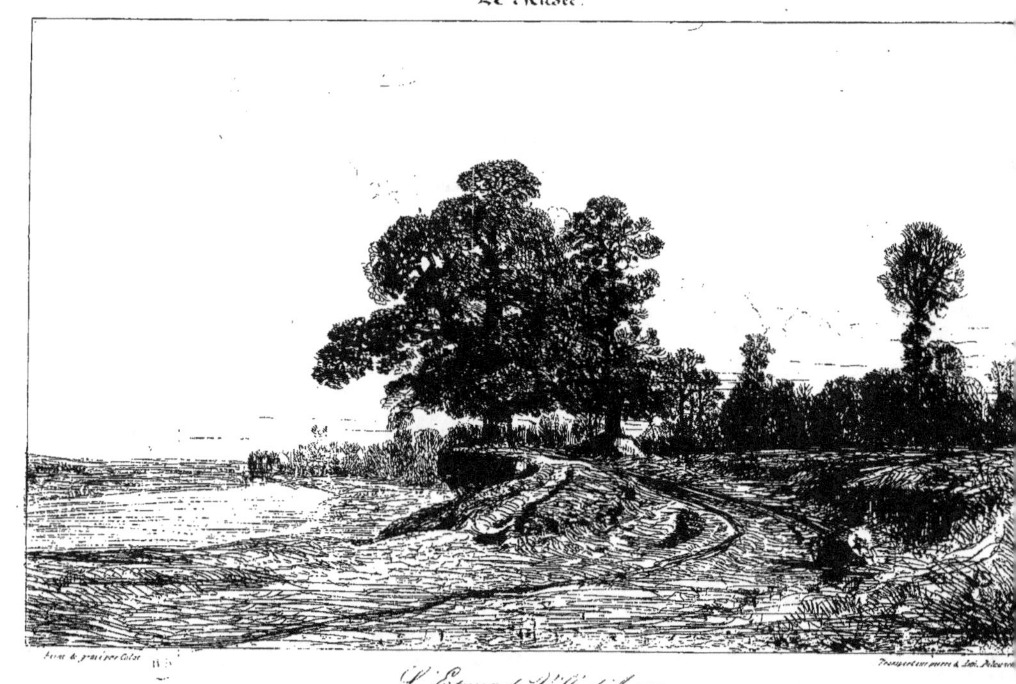

L'Étang de Ville d'Avray.

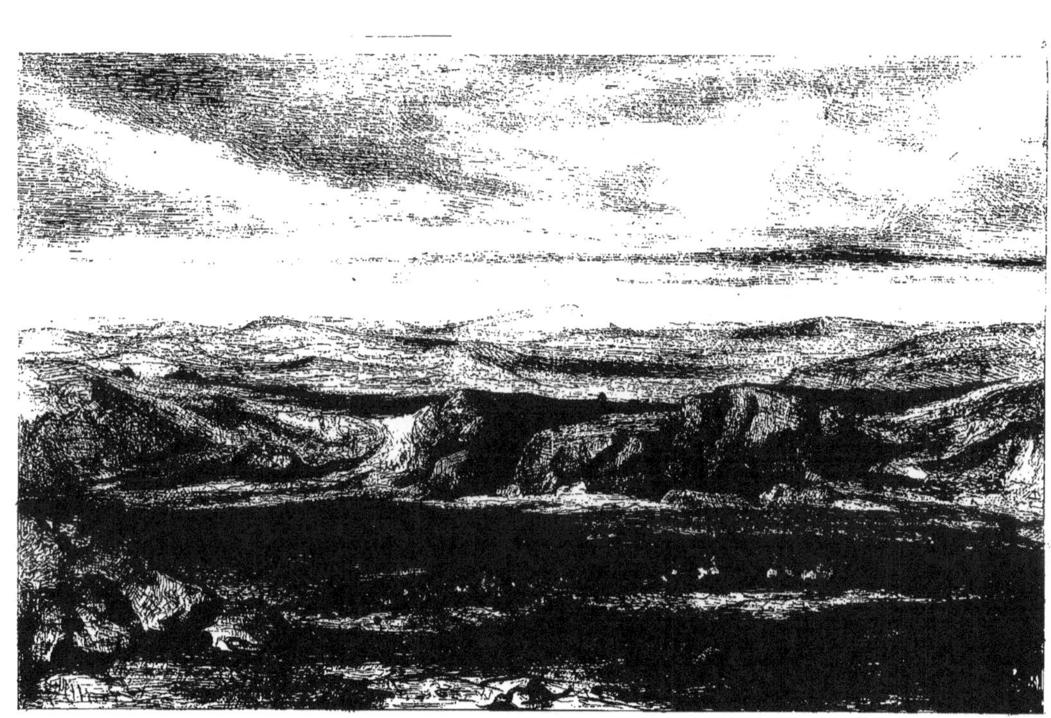

Défaite des Cimbres.

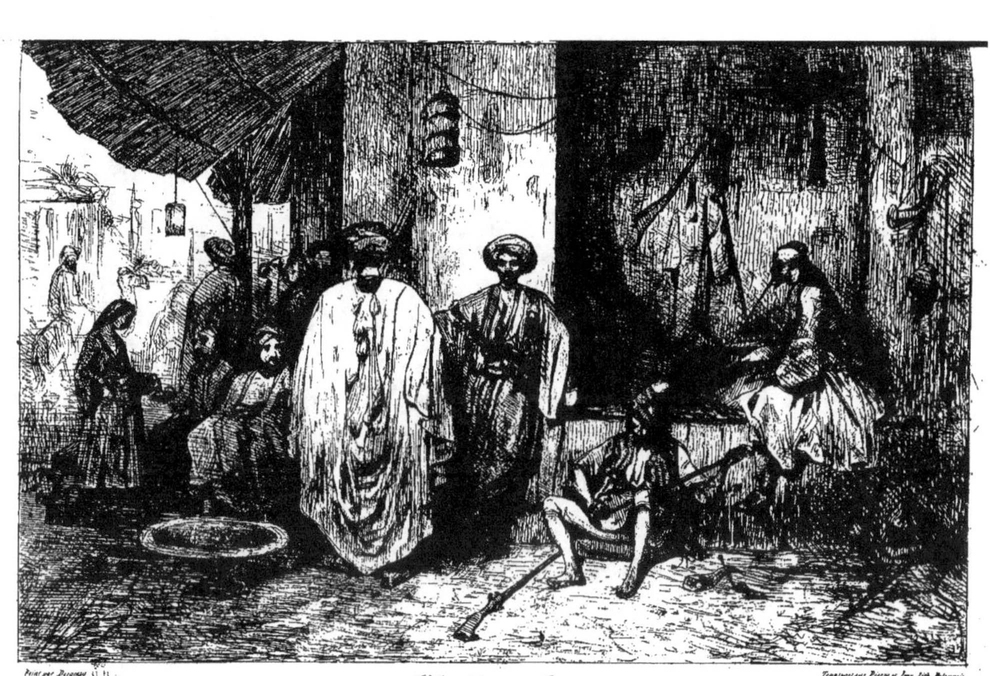

Un Corps de Garde.

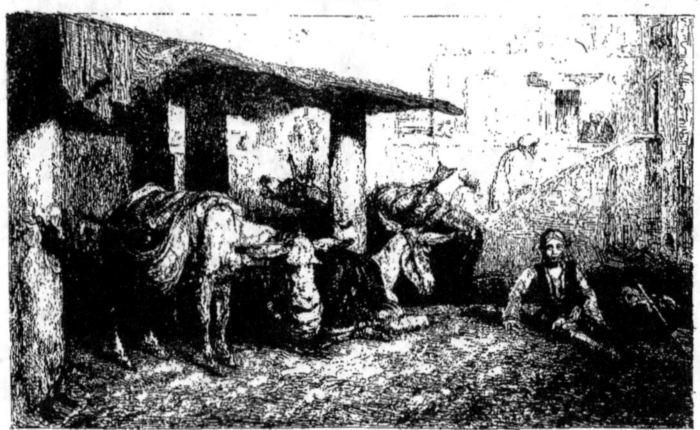

Un village en Turquie.

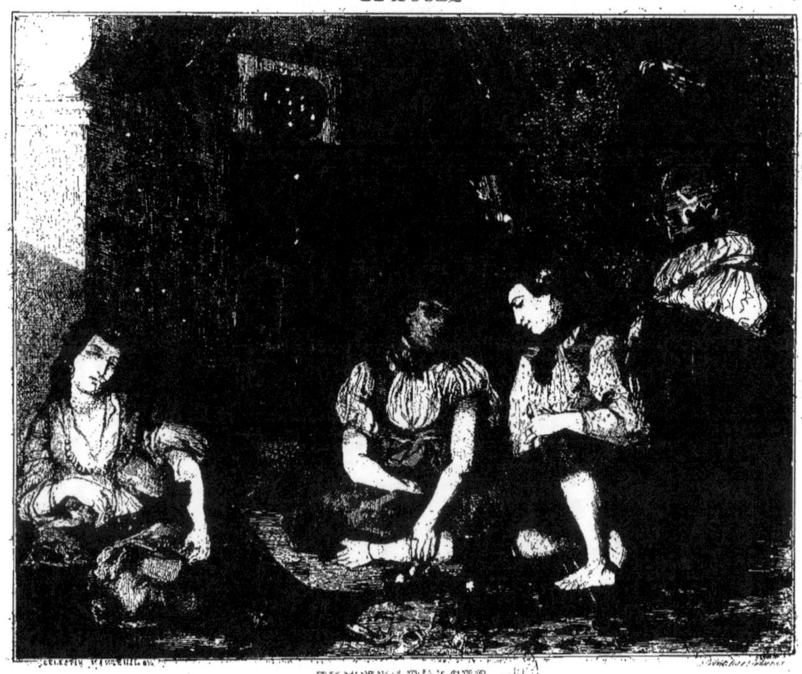

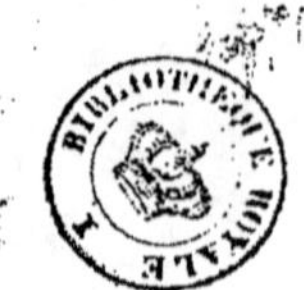

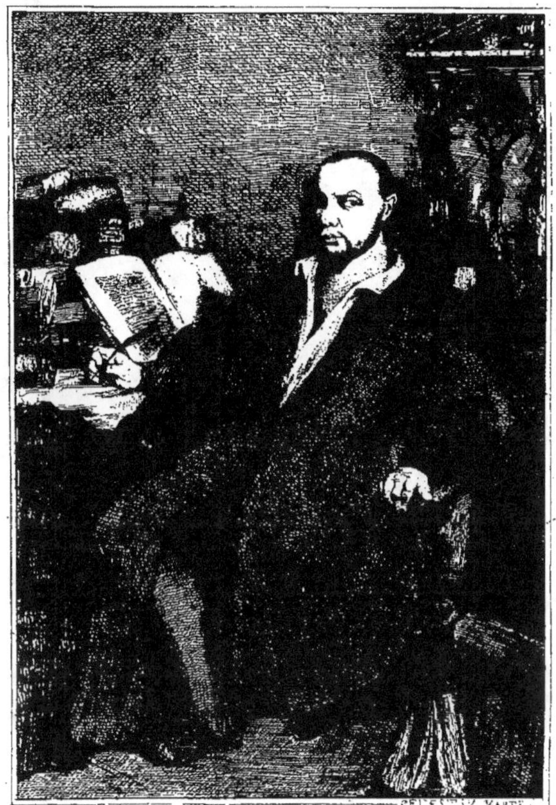

Peint par E. Delacroix

CELESTIN NANTE

Portrait de Rabelais

Transporté a lith. Delaunois

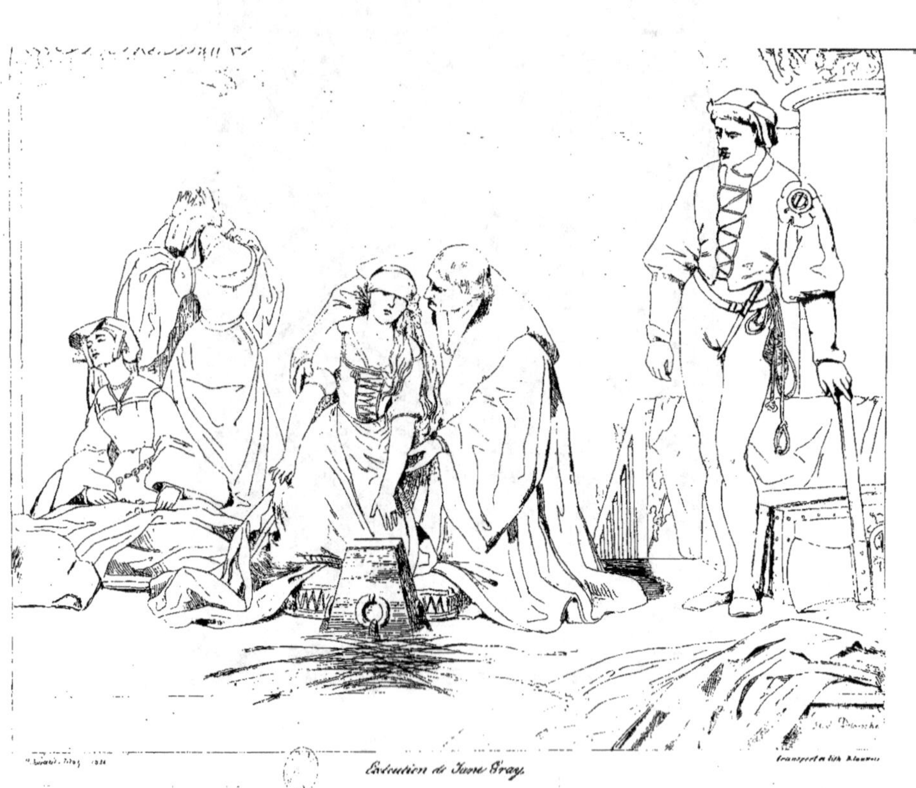

Exécution de Jane Gray.

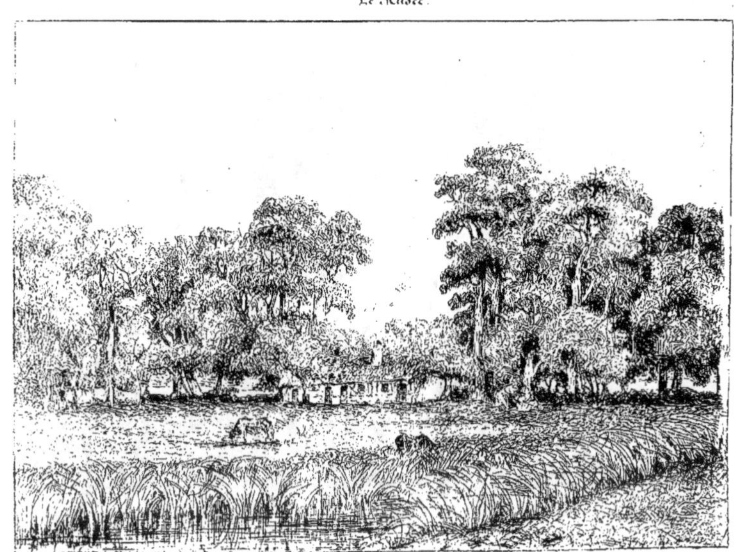

Vue prise à La Mailleraye.

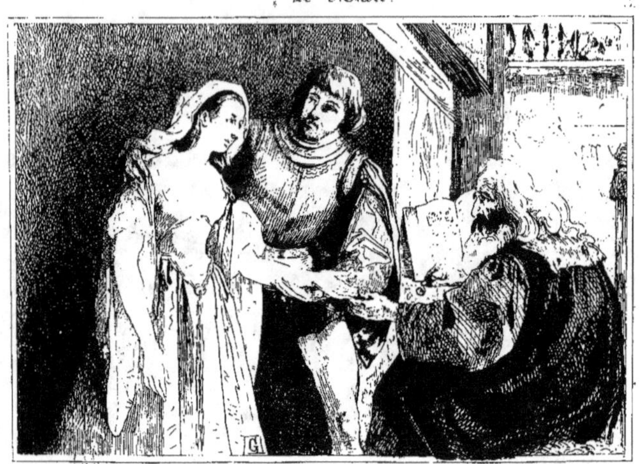

La bonne aventure.

Le Musée.
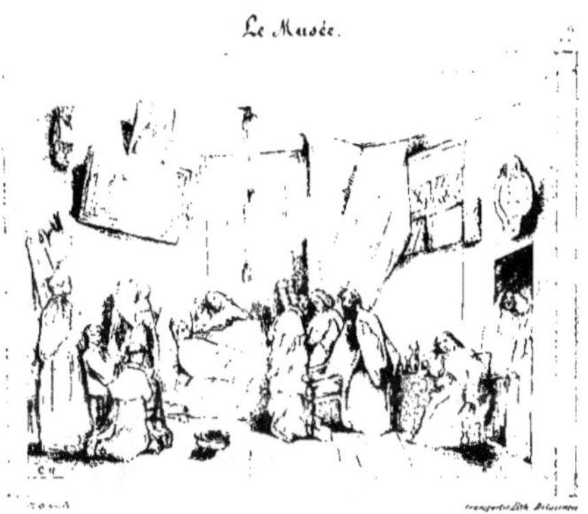
Mort du Poussin.

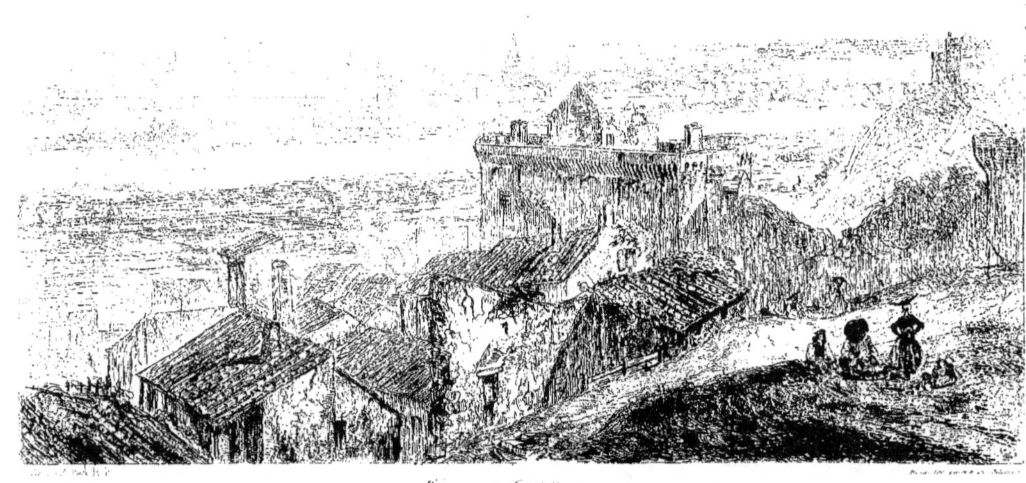

Vue générale d'Aregno

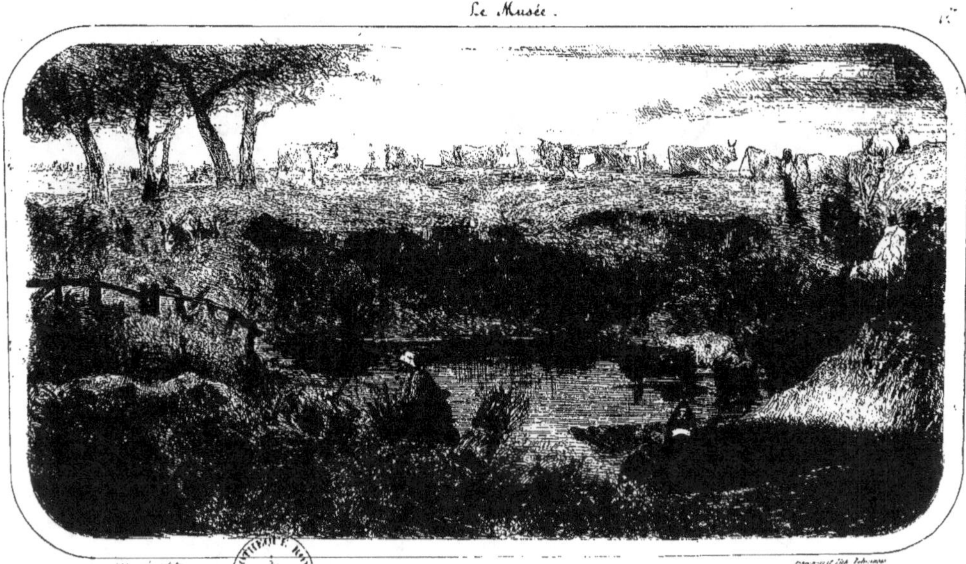

La Mare.

Le Musée.

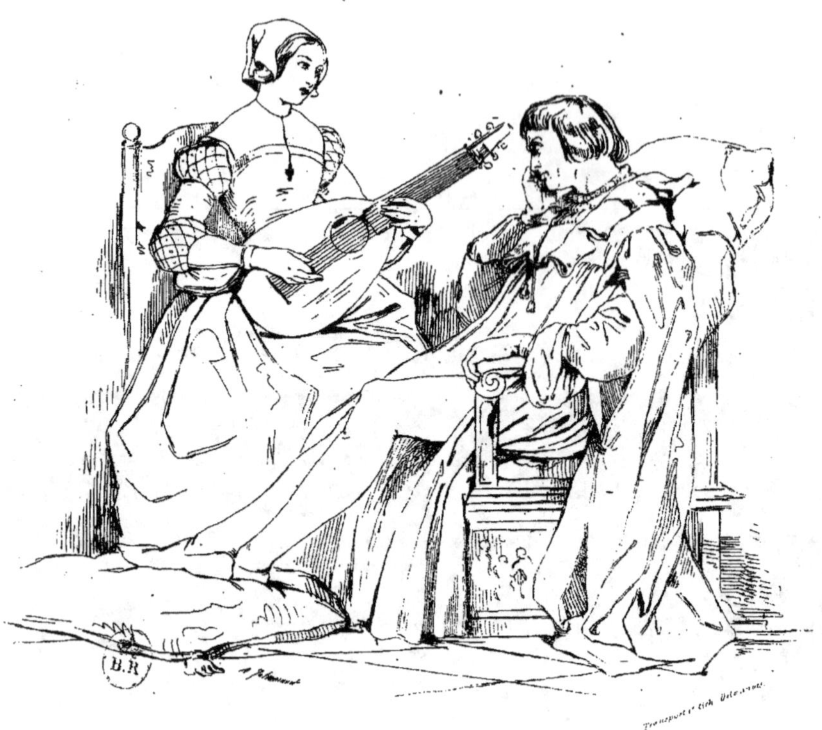

Bayard à Brescia.

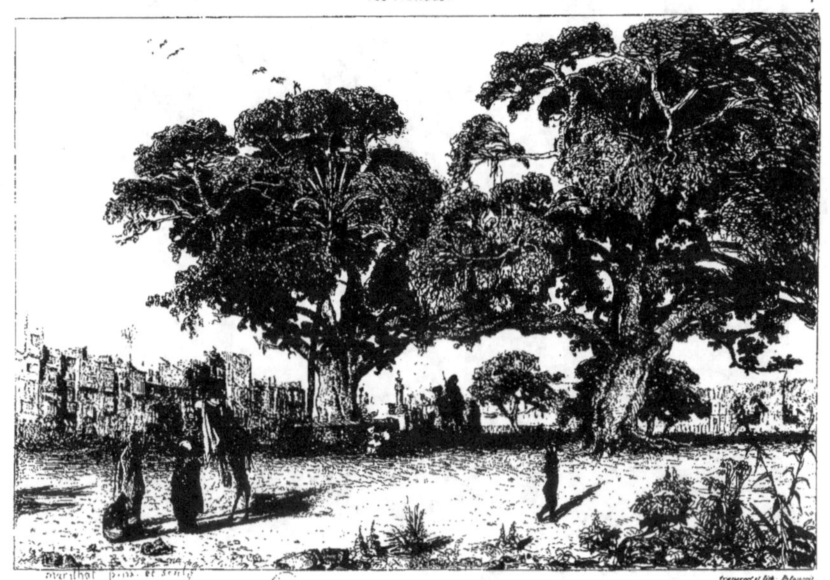

Place de l'Esbekieh.
(au Caire.)

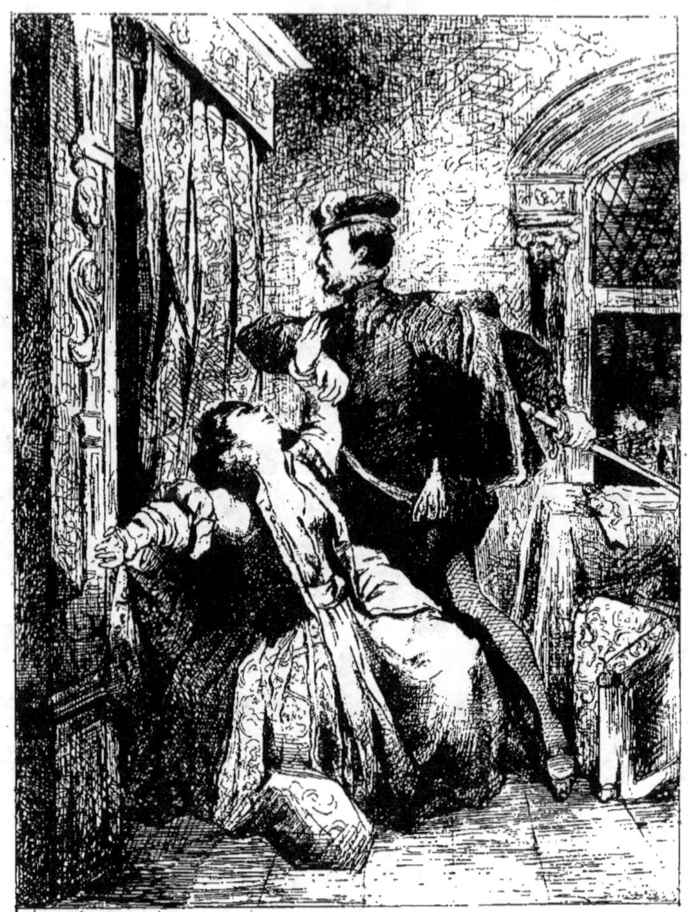

Jean de Créqui & Mergy.
(Une scène de la S.ᵗ Barthélemy)

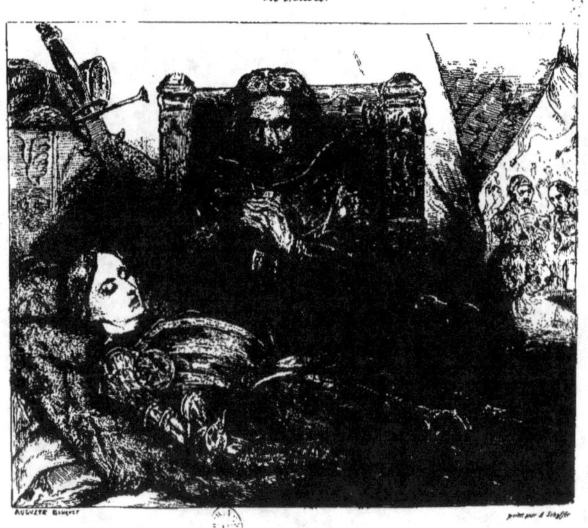

Le Larmeyavf.

Françoist Klois Detunneu

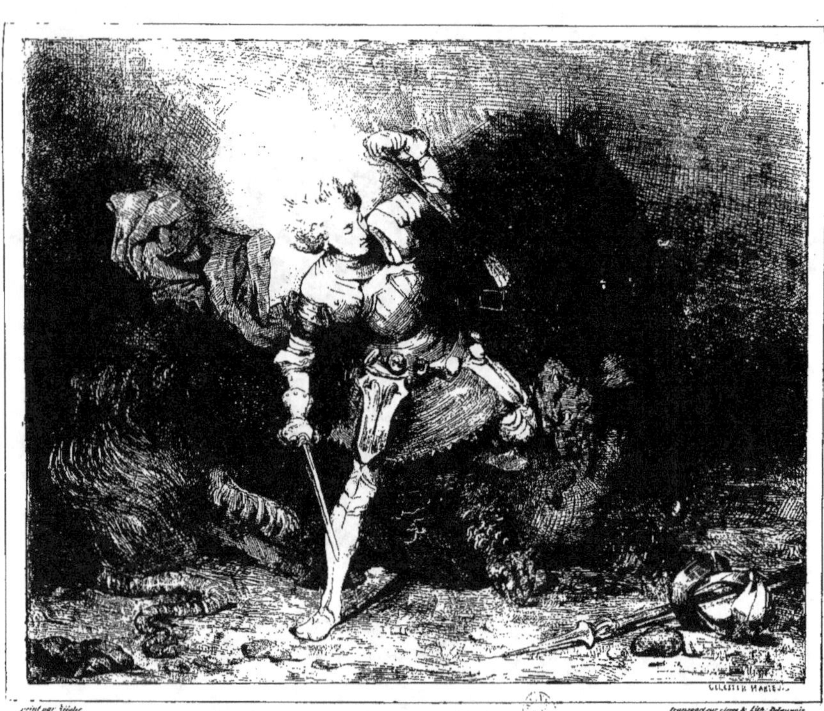

La fin du Combat.

Dessiné par Ziegler.

transporté sur pierre et lith. Kaeppelin

Un Évangéliste.

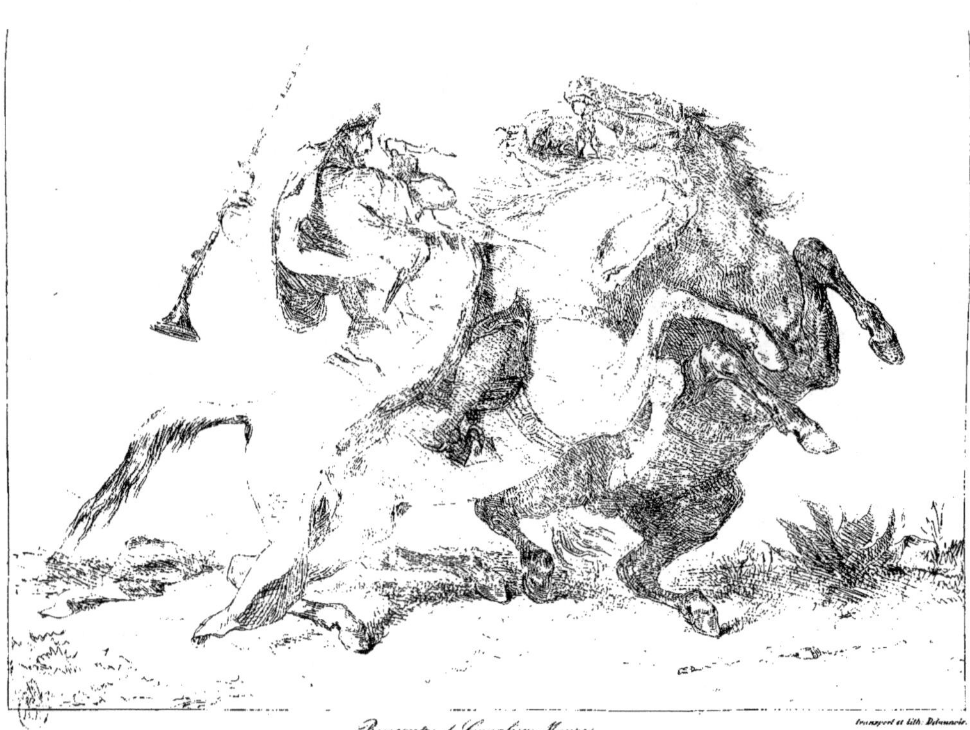

Rencontre de Cavaliers Maures
(Tableau refusé au Salon).

transport et lith: Delaunois.

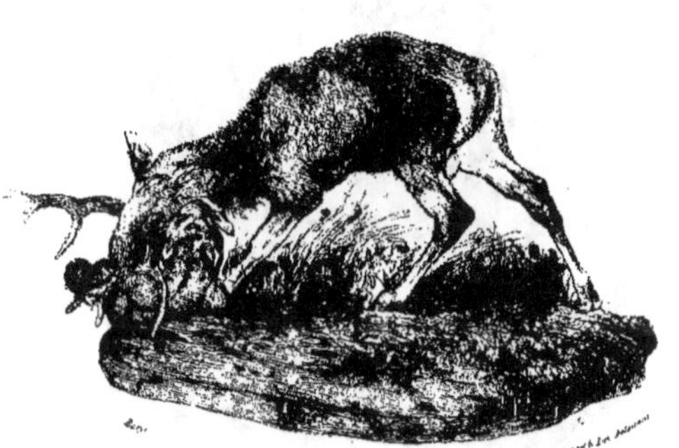

Un Cerf et un Lynx.

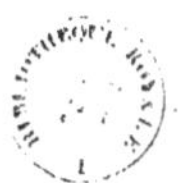

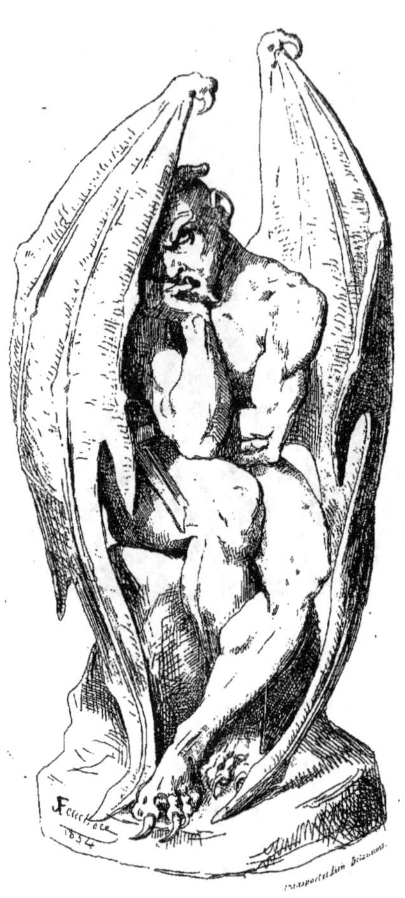

Satan.

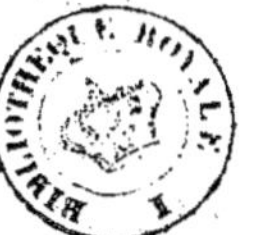

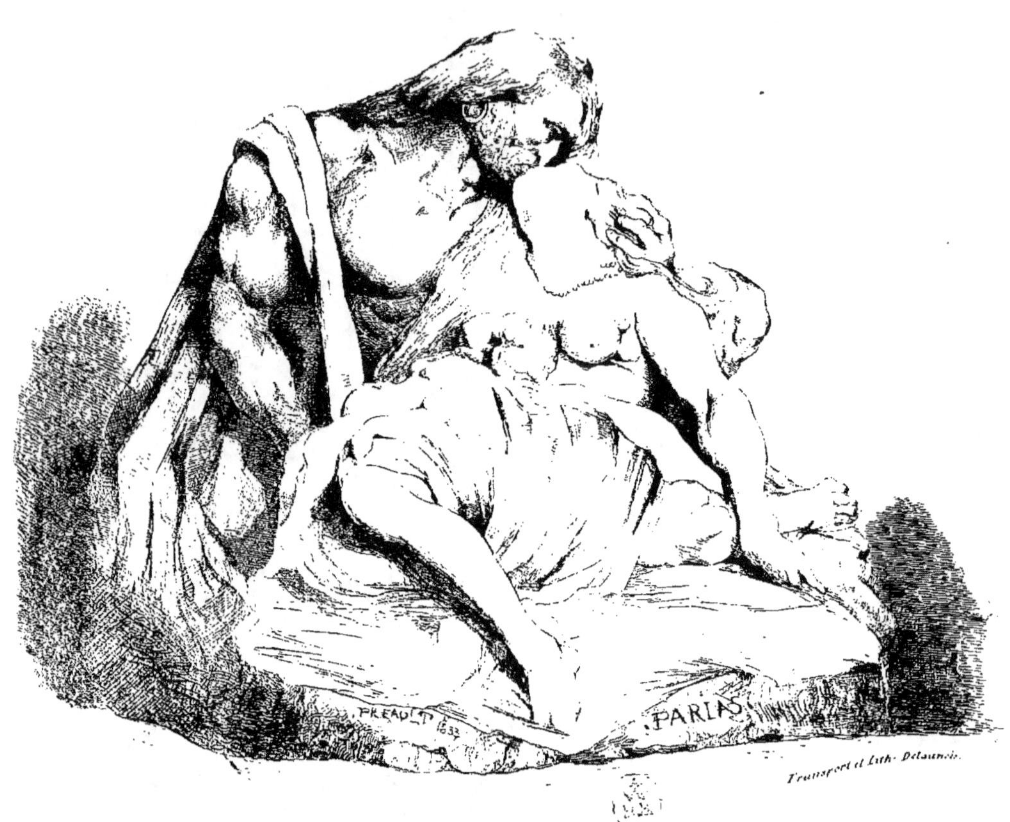

Les Parias.

Groupe refusé au Salon.

La Mode de
1832.

Vol. 3e et 4e Livraison.

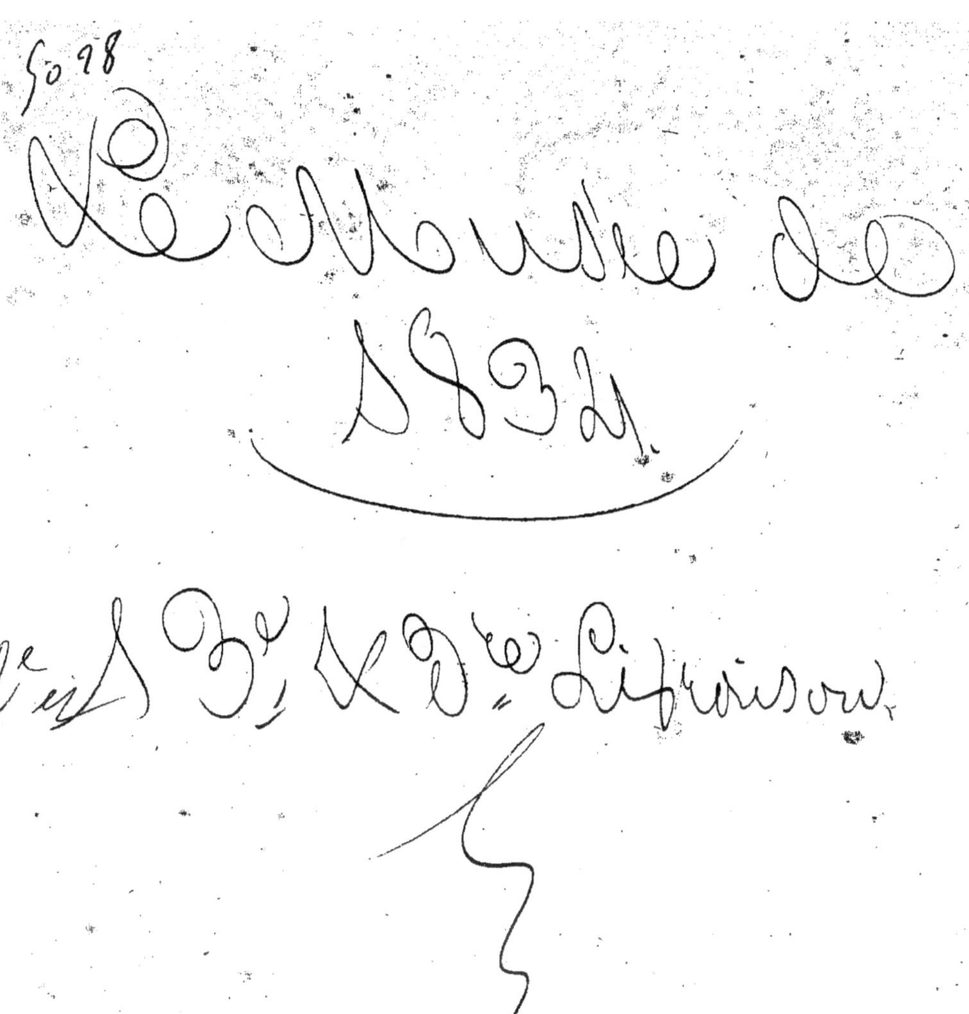

Imprimerie d'Everat, rue du Cadran, N° 16.

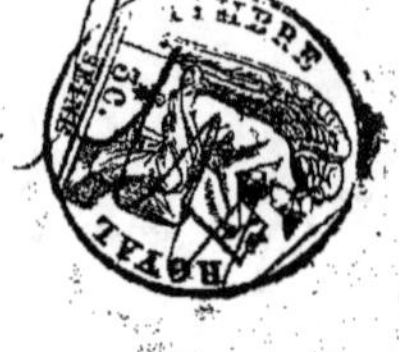